AF390247

NOUVELLE BIBLIOTHÈQUE DRAMATIQUE

LE DÉMON
DE L'AMOUR

PIÈCE EN QUATRE ACTES

PAR

PAUL FOUCHER

Représentée pour la première fois, à Paris, sur le théâtre de Cluny, le 13 décembre 1869.

PARIS

LIBRAIRIE INTERNATIONALE

BOULEVARD MONTMARTRE, 15

A. LACROIX, VERBOECKHOVEN ET Cᵒ

Éditeurs à Bruxelles, à Leipzig et à Livourne

1869

PERSONNAGES

—

<table>
<tr><td>OCTAVE BAUDOUIN, jeune peintre...........</td><td>MM. Reynald.</td></tr>
<tr><td>WILFRID BERLANDIER, son camarade d'atelier</td><td>Larochelle.</td></tr>
<tr><td>LE DUC DE SORA RÉALE, gentilhomme napolitain.................................</td><td>Talien.</td></tr>
<tr><td>LE BARON BOEMOND DE SAINTE-LUCE.....</td><td>Richard.</td></tr>
<tr><td>CAPUTI...................................</td><td>Sairvier.</td></tr>
<tr><td>UN INTENDANT............................</td><td>Lamarque.</td></tr>
<tr><td>GRÉGORIO.. ....</td><td>Raoul.</td></tr>
<tr><td>GIACOMO.... ....</td><td>Vallois.</td></tr>
<tr><td>UN DOMESTIQUE..........................</td><td></td></tr>
<tr><td>AMÉLIE VERNIER, institutrice.............</td><td>Mlles Duverger.</td></tr>
<tr><td>GIOVANNA, jeune modèle ....</td><td>B. Fayolle.</td></tr>
</table>

———

Pour tous les renseignements, s'adresser à M. Degoff, régisseur au théâtre de Cluny.

LE
DÉMON DE L'AMOUR

ACTE PREMIER

Un atelier de peintre, plâtres, toiles, ébauches, esquisses, etc. Plusieurs chevalets sur lesquels sont placés des tableaux plus ou moins terminés.

SCÈNE PREMIÈRE

BERLANDIER, seul, faisant sa palette.

Entrez... non... ce n'est personne, pas même un créancier... Octave a reçu ce matin une lettre de son oncle, timbrée d'Annecy, des conseils, de la raison, avec double droit de poste... et immédiatement Octave aura dû faire quelque bêtise... Les parents ont été créés pour veiller sur nous avec amour et gaucherie et pour nous indiquer de ces bons chemins, où l'on est parfaitement sûr de se fourvoyer... (On frappe.) Ah! cette fois on frappe... entrez... (Entre Sainte-Luce.) Un inconnu.

SCÈNE II

BERLANDIER, SAINTE-LUCE.

SAINTE-LUCE, sur le pas de la porte.

On peut visiter l'atelier ?...

BERLANDIER.

Comment donc, monsieur... (A part.) Ça m'a l'air d'un imbécile avec pas mal d'aplomb et beaucoup de pommade.

SAINTE-LUCE.

On m'a dit grand bien... de M. Octave Baudouin, jeune
peintre d'avenir... qui a exposé cette année.

BERLANDIER.

Une madone du Vésuve... un des plus beaux ornements du
Salon de 1830... où elle n'a obtenu par parenthèse aucun
succès...

SAINTE-LUCE.

Injustice, aveuglement.

BERLANDIER.

C'est étonnant, monsieur, comme j'ai précisément la même
opinion que vous de mes contemporains.

SAINTE-LUCE.

Oh ! c'est que je ne suis pas, monsieur, un de ces gentils-
hommes inutiles qui se croient dispensés de tout avec un
blason... Le baron (Saluant.) Boëmond de Sainte-Luce.

BERLANDIER, saluant aussi.

Wilfrid Berlandier, camarade d'atelier d'Octave Baudouin...
pas d'autre écusson que ma palette.

SAINTE-LUCE.

J'ai dix quartiers de noblesse, monsieur, mais pas de préjugés ; on peut être ancien comme race et avancé comme
opinion... et tel que vous me voyez, je ne crois pas déchoir
en vous disant que j'ai le goût des artistes, que j'aime à les
voir, que je protége les arts.

(Il fait le tour de l'atelier et examine les tableaux.)

BERLANDIER.

Ah ! monsieur protége les arts ?... ils doivent en être bien
reconnaissants... Seulement, est-ce que vous n'avez pas
d'heure pour ça...

SAINTE-LUCE.

Une heure ?

BERLANDIER.

Oui... on a son heure... pour déjeuner, son heure pour sa
petite du corps de ballet, son heure pour aller aux Champs-

Élysées... On devrait avoir aussi une heure pour protéger les
arts... de quatre à cinq, je suppose... en été ; de trois à quatre
en hiver, parce que le jour baisse plutôt... et vous comprenez, pour voir les tableaux...

SAINTE-LUCE.

Ah ! vous êtes farceur, allez, monsieur Berlandier, allez ! ne
vous gênez pas, je sais... les artistes sont très-farceurs...

BERLANDIER.

Le plus qu'ils peuvent, monsieur le baron... seulement ils
n'ont pas d'heure pour ça, ça tient au défaut d'ordre.

SAINTE-LUCE, s'arrêtant devant une toile.

Ah ! un paysage charmant.

BERLANDIER.

Pardon, monsieur le baron... vous vous trompez.

SAINTE-LUCE.

Me tromper... ah ! je ne crois pas...

BERLANDIER.

Pardon... C'est une croûte... une véritable saleté.... Oh !
j'en suis bien sûr, c'est de moi...

SAINTE-LUCE.

Hein...

BERLANDIER.

Oui, tel que vous me voyez, monsieur le baron, je suis
atteint d'une incurable infirmité, d'une passion malheureuse
pour la peinture.

SAINTE-LUCE.

Modestie sans doute...

BERLANDIER.

De la modestie ! .. Mais, dès mon enfance, je manifestais
pour cet art des dispositions déplorables.. et comme je char-
mais mon père... un des plus forts de Montluçon, comme
propriétaire, il m'envoya à Paris, heureux d'avoir dans sa famille un grand homme et des portraits à discrétion !... Or,
dès que je pus m'écrier : Et moi aussi, je suis peintre ! je
manquai le prix de Rome... Je manquai encore bien d'autres

choses... J'envoyai une première fois au Salon... refusé...
l'année suivante... refusé encore. — Alors je persuadai à mon
père... qu'il y avait dans le pays une coalition... de peintres
jaloux, que Gros, Ingres, Gérard, se croyaient perdus... si je
parvenais à exposer une seule toile... pour preuve, je lui envoyai mes œuvres qui eurent un succès foudroyant à Montluçon... Tous les ans le roulage en apporte à ma ville natale
huit ou dix. ·

SAINTE-LUCE.

Huit ou dix !

BERLANDIER.

Oui... Sachez-le encore, monsieur le baron, j'unis à l'incapacité la plus flagrante... la plus remarquable facilité. — Il
y a déjà à Montluçon le musée Berlandier ; l'entrée est gra-
tuite, sans compter les politesses de petits tableaux que mon
père fait à tous les notables de l'endroit les jours de leur
fête ou de la sienne... Aussi s'éleva-t-il là-bas une protesta-
tion générale en ma faveur... On a fini par supposer que les
passions politiques... n'étaient pas étrangères à cette oppression systématique du talent... qu'il y avait de la congréga-
tion là dedans, j'ai caressé, développé cette idée ; j'ai pris à
partie la Restauration tout entière... Aux élections prochaines,
Montluçon nommera un député de l'opposition... et voilà à
quoi tiennent les destinées des empires !

SAINTE-LUCE, devant le tableau de Berlandier.

Ah ! c'est mauvais... il me semblait pourtant...

BERLANDIER.

Si vous ne voulez pas vous tromper d'enthousiasme, ad-
mirez à gauche, ce sont les tableaux d'Octave... Tenez, un
portrait de femme auquel il ne manque plus qu'une séance.

SAINTE-LUCE.

Je m'attendais à le trouver ici... mademoiselle Amélie Vernier... l'institutrice de mademoiselle de Sora Réale, la fille de
ce haut personnage napolitain, en mission extraordinaire à
Paris... Mais je ne vois pas le tableau que M. Octave Baudouin a exposé cette année.

BERLANDIER, allant prendre le tableau dans un coin.

Le voici, Baudouin l'avait retourné contre le mur... il ne

veut plus voir son chef-d'œuvre. Voyez quelle expression tou-
chante.

(Il place le tableau sur le chevalet.)

SAINTE-LUCE.

Ah! très-beau!... très-beau!...

BERLANDIER.

Eh bien... vous pouvez faire votre compliment à Octave lui-
même, car le voici...

SCÈNE III

LES MÊMES, OCTAVE.

OCTAVE, entrant à part.

Elle n'est pas venue encore. J'espérais la trouver ici. (Haut.)
Ah!... une visite !...

SAINTE-LUCE.

Le baron Boëmond de Sainte-Luce.

OCTAVE.

Monsieur, je suis reconnaissant...

BERLANDIER.

Monsieur est un amateur distingué des arts... qui ne se
trompe pas toujours...

SAINTE-LUCE.

Il me faut un voyage en Italie... On n'a pas toujours le droit
de parler peinture... quand on n'a pas visité l'Italie, n'est-ce
pas, messieurs ?...

BERLANDIER.

Pourtant, à la façon dont monsieur le baron en parle...

SAINTE-LUCE, tirant un petit livre de sa poche,

Ah! moi, ce n'est pas étonnant... j'ai déjà acheté un guide.
(Tirant un livre de sa poche.) Un guide, c'est là l'important. Hier soir,
au thé du vieux duc de Sora Réale, mademoiselle Vernier
m'a parlé de vous, m'a engagé à visiter votre atelier.

OCTAVE, avec émotion.

Ah! mademoiselle Vernier a bien voulu vous parler de moi.

SAINTE-LUCE.

Avec enthousiasme, j'aime les femmes enthousiastes, moi ! Cela lui a valu mon attention... et un moment même, j'avais pensé... mais s'attaquer à une femme seule, sans défense... c'était trop facile.....

OCTAVE, à part.

Le fat.

SAINTE-LUCE.

Ah! si elle avait un mari... un amant pour me la disputer, je ne dis pas... j'aime les dangers, moi... il me faut des obstacles !

BERLANDIER.

Rassurez-vous, monsieur le baron, vous en aurez...

SAINTE-LUCE, montrant le Saint Jérôme.

Donc, j'ai besoin d'un chef-d'œuvre pour l'angle gauche de mon salon.,. oui, il me faut un chef-d'œuvre d'un mètre.

BERLANDIER.

Ah ! j'entends, d'un maître.

SAINTE-LUCE.

Non... d'un mètre vingt-deux centimètres de largeur, sur deux mètres de hauteur... C'est un peu sérieux le sujet de votre tableau, monsieur Beaudouin... une madone !...

BERLANDIER.

Oui, une sainte, ça vous compromettrait...

SAINTE-LUCE.

J'aurais préféré un centaure Nessus avec une Déjanire.

BERLANDIER.

Pourquoi donc ?

SAINTE-LUCE.

Parce qu'on aurait ainsi dans le même groupe... une belle femme, un homme et un cheval... ou à peu près.....

BERLANDIER.

Sans augmentation de prix.

SAINTE-LUCE.

Et j'aime beaucoup les chevaux... Mais quand on s'est
donné une haute mission... et puis... c'est étonnant comme ce
sera juste la dimension de mon angle gauche..... Seulement
cette année a été pour moi un peu orageuse... la danse a pris
beaucoup sur le budget des autres arts. Il faudrait donc accepter ce qui me reste... cinq cents francs ?...

OCTAVE.

Cinq cents francs !...

BERLANDIER.

Il ne vous est resté que cela pour votre haute mission...

SAINTE-LUCE.

Vous refusez ?...

OCTAVE.

Non... ce n'est pas l'offre que je repousse... c'est le tableau
que je détruis...

(Il s'élance vers la toile et veut la crever avec son couteau.)

BERLANDIER.

Allons donc !... (il lui arrache la toile.) Ce n'est pas ainsi qu'il
faut le prendre. (A Sainte-Luce.) Voyez-vous, M. Octave accepte-
rait bien... mais vous arrivez un peu tard... il a des proposi-
tions supérieures d'un autre amateur distingué des arts...

SAINTE-LUCE.

Comment, comment!

BERLANDIER.

Un gros marchand drapier... au coin de la rue de Tracy et de
la rue Saint-Denis qui expose mademoiselle Duchesnois en
Marie Stuart avec cette poésie académique :

« Si le ciel était juste, indigne souveraine,
» Vous seriez à mes pieds..., etc., etc.

Mais cet industriel intelligent a pris en horreur la tragédie...
il est dans le mouvement romantique.. alors il est en pourparler
avec Octave pour son tableau... Je sais bien qu'un angle de
carrefour ne vaut pas le salon de M. le baron... Mon ami en
plein vent ne sera vu que par des badauds... des imbéciles...

mais il faut bien tâcher de se rattraper un peu sur la
quantité...

SAINTE-LUCE.

Il suffit... trêve de plaisanterie.. monsieur Octave, vous êtes
fier. . c'est le défaut des artistes...

OCTAVE.

Alors, monsieur... ce ne doit plus être le mien.

BERLANDIER.

Hein !... que dit-il ?...

SAINTE-LUCE.

Au revoir... peut-être réfléchirez-vous ?...

OCTAVE.

C'est déjà fait.

SAINTE-LUCE, à part.

Et ces artistes se plaignent de ne pas être encouragés !...

(Il sort.)

SCÈNE IV

OCTAVE, BERLANDIER.

OCTAVE.

Eh bien ! voilà qui eût suffi à me décider... Sais-tu d'où je
viens, Berlandier ?...

BERLANDIER.

D'abord tu viens de te mettre en colère ! .. Calme-toi..

OCTAVE.

Je quitte le correspondant parisien d'une grande maison de
banque de New-Yorck.

BERLANDIER.

Eh bien ?...

OCTAVE.

Cette maison a besoin d'un caissier français... On donne
d'excellents appointements !.., une part dans les bénéfices...
Mon oncle, avec une prévoyance à laquelle je rends aujourd'hui
justice, m'avait fait très-expert en chiffres... avant que je
me misse en tête de faire de la peinture... il m'a fait préférer
pour la place.

BERLANDIER.

Et tu acceptes ?...

OCTAVE.

Si j'accepte !... je retourne chez le correspondant qui attend ma réponse dans une heure... Je retiens pour ce soir, six
heures, ma place à la malle du Havre.

BERLANDIER.

Ainsi... tu t'exiles?...

OCTAVE.

D'un pays ingrat !...

BERLANDIER.

Mais ce n'est pas de la France que tu t'exiles, malheureux,
c'est de l'art !...

OCTAVE.

L'art... ah! oui... parlons-en : un mot sonore et vide... un
miroir éblouissant où vient s'abattre pour se prendre au piége
le vol de nos folles illusions... L'art! le droit au contentement
de soi-même... et au dédain de tous... à l'orgueil et au néant,
aux complaisances du rêve et aux réalités de la misère. Berlandier — j'ai déjà dépassé l'âge où l'on commence. Depuis
dix ans, je travaille... depuis cinq ans, je me produis...
j'expose... quel résultat ?... Peines de toute sorte, sacrifices
sans fin !... Ce public qui ne cherche dans nos peintures qu'une
distraction fugitive des yeux, ne sait pas tout ce que nous
coûte de labeurs, de dépenses et de déceptions, l'insuccès
d'un tableau qu'ont précédé cent ébauches... Eh bien... je te
le demande à toi-même qui m'as vu tout à l'heure recevoir le
coup de pied...

BERLANDIER.

En plein lion !... C'est exact!

OCTAVE.

Je te le demande, si ma réputation a percé et grandi... Ah !
cependant, il y a quelque chose qui s'est accru pour nous...
les dettes... oui, et même envers toi... un camarade d'atelier.

BERLANDIER.

Tu parles de cela... mais c'est moi qui te dois...

OCTAVE.

Hein ?...

BERLANDIER.

Sans doute... Mon père, pour qu'on lui fasse de bonnes
peintures, m'envoie de l'argent, je t'en prête... c'est le seul
moyen de ne pas tromper ses cheveux... bruns... — On ne gri-
sonne pas à Montluçon... Ah ! tu comptes avec moi !... eh
bien, moi, je n'y regarderai pas de si près... dans vingt ans
d'ici... quand tu seras de l'Académie des beaux-arts, premier
peintre du roi... qui sait, peut-être à la chambre des pairs...
et que je t'emprunterai ton habit noir pour aller manger ton
dîner...

OCTAVE.

Allons donc !

BERLANDIER.

Oh ! je sais bien que tu n'as pas touché encore à ce point
où le talent dissipe l'ombre... Ton inspiration encore voilée a
été méconnue... Mais là... ou là, sur ces murailles, ou (il
montre le front d'Octave.) là, j'en suis sûr, est l'ébauche qui devra
faire agenouiller cette foule qui a passé indifférente jusqu'ici...
Ah ! je m'y connais en fait de talent... on peut se tromper sur
ce qu'on a... jamais sur ce qui vous manque.

OCTAVE.

Berlandier !... J'ai assez de désillusions et de souffrances...

BERLANDIER.

Et tu t'imagines que tu n'auras ni souffrances ni désillusions ! Tu crois que ta fortune t'absoudra d'avoir consumé
sans éclat dans un bureau de caisse la flamme d'une véritable
âme d'artiste, comme on dépense de l'huile à brûler... Mais
regarde donc ce que la richesse oisive fait des hommes ac-
coutumés à l'activité militante de la vie. Vois-les promener
sur le boulevard leur désœuvrement dévorant et leur spleen

obèse... Même vieux, ils ont horreur de ce repos qui est déjà pour eux le commencement de la mort... Ils n'aspirent qu'à se rejeter dans ces anxiétés fiévreuses de la lutte dont ils avaient tant souhaité le terme... et tu t'imagines que tu seras plus heureux, toi, quand tu te retrouveras à quarante ans riche, ventru et inutile; mais alors, indifférent à la richesse qui t'aura fait le vide dans l'obscurité... devenu impuissant à l'art, et ce sera justice... car le drapeau renie les apostats... Tu te demanderas comment tu as été assez fou pour travailler vingt ans à conquérir l'ennui !... le plus clair de tous tes capitaux... et par quelle déplorable opération, tu auras aligné tant de chiffres pour aboutir à les totaliser dans un zéro !

SCÈNE V

LES MÊMES, AMÉLIE.

AMÉLIE.

Eh bien !... est-ce que j'arriverais pour être témoin d'une querelle ?

OCTAVE.

Mademoiselle Vernier... ah ! heureux de vous voir en ce moment !

BERLANDIER.

Et moi donc ?... Vous venez pour empêcher un suicide...

AMÉLIE.

Un suicide ?...

BERLANDIER.

Et le plus bête de tous... On défend sa vie... On ne voudrait à aucun prix être privé d'un membre... Eh bien, Octave se laisse mutiler de son intelligence... de son talent... il vient vous dire tout tranquillement comme ça qu'il se fait caissier... pas en France, il n'oserait pas... en Amérique ! En Amérique, où les caissiers ne vont jamais qu'après exercice !

OCTAVE.

En partant, je cède devant d'insurmontables obstacles...

j'obéis aux exigences impérieuses de la vie, je ne fais que vous imiter... ne nous aviez-vous pas dit que vous allez vous exiler?

AMÉLIE.

Mais moi... les ressources me manquent en France, ma meilleure élève se marie... J'allais me consacrer à une autre éducation. Je partais pour la Russie afin d'acheter le salut, la santé, la vie de mon père; il lui faut, et attendre serait fatal, un climat plus doux; il faut une éducation à mon frère, à de jeunes sœurs, et pour tout cela, il me faut de l'argent, tout de suite, tout de suite—ce départ, cet exil, était ce qu'on me payait le mieux. Eh bien! ce départ, cet exil tant souhaité par moi afin de venir en aide à ma chère famille, ne peut avoir lieu, — une lettre que je reçois à l'instant m'annonce qu'il ne faut plus songer à cette place. Oh! je suis bien malheureuse; mais, vous seul au monde, vous vous inquiétez de la misère, vous ne sauriez plus supporter la faim?... Ah! prenez garde, votre ami a raison... c'est là un véritable suicide! Croyez-moi, monsieur Octave, il y a peut-être ici-bas des routes bien pénibles... mais pour un homme de cœur... il n'en est qu'une qu'il ne faille jamais apprendre... la route de la désertion!

BERLANDIER.

Eh bien... je ne te demande plus maintenant ce que tu feras!... la cause est entendue!

OCTAVE.

Berlandier!

BERLANDIER.

La cause est entendue!... Pendant que tu recevais de la morale sans pli... moi, je recevais une commande... Oh! pas pour le musée du Luxembourg... toujours de Montluçon... une Sainte Cécile, grandeur naturelle... pour le salon de ma tante Polymnie Berlandier, la première guitare de la sous-préfecture... je suis en fonds pour aujourd'hui... j'apporte ce soir du champagne à notre petit dîner... (Se tournant vers Amélie.) Nous boirons aux bons conseils... A ce soir, adieu et merci, mademoiselle... Ah! tenez, je vous dois une preuve de reconnaissance, eh bien, vous ne figurerez jamais dans le musée Berlandier!

(Il sort.)

SCÈNE VI

OCTAVE, AMÉLIE.

AMÉLIE.

Un brave cœur et un esprit droit sous une forme un peu déraisonnable...

OCTAVE.

Je l'ai laissé partir... c'est à vous seule que je voulais rendre compte de ma résolution... Vous voudrez bien m'écouter pendant que je donne quelques derniers coups de pinceau.

(Il place sa toile, Amélie se place de son côté, il commence à peindre.)

AMÉLIE.

Moi-même, monsieur Octave, j'avais une petite question délicate à traiter avec... il s'agit du prix de votre œuvre... de votre temps.

OCTAVE.

Que voulez-vous dire?...

AMÉLIE.

Comme vous, je suis pauvre. Comme vous, je travaille... mais j'avais mis en réserve mes faibles économies afin de pouvoir donner à mon père la seule consolation possible d'une longue absence... et il ne serait pas juste que cette bien petite somme n'allât pas à sa destination.

(Elle tire un papier de sa poche.)

OCTAVE.

Et vous avez pu croire que je prélèverais le fruit de mon travail sur votre noble pauvreté! Mais, aujourd'hui, moins que jamais et sachez-le d'ailleurs... vous êtes la seule femme... la seule au monde... entendez-vous, la seule de qui je ne voudrais rien accepter... même le salaire le plus légitime.

AMÉLIE.

La seule... et pourquoi?...

OCTAVE.

Pourquoi?... vous allez le comprendre : Vous m'avez accusé tout à l'heure de ne songer qu'à moi... Mais si grâce au sacrifice d'un talent que vous exagérez... j'arrive à ce bien-être que je veux dans un délai prochain, à jour fixe... croyez-vous que je la rêve pour moi seul?...

AMÉLIE.

Monsieur Octave!...

OCTAVE.

J'avais hésité jusqu'à présent à parler... Vous le savez... parmi les défauts qui font réussir... l'audace m'a toujours manqué... mais il n'y a plus à différer. Répondez-moi : si j'avais songé à vous offrir avec un nom sans éclat désormais, mais toujours estimé, la fortune, le repos!...

AMÉLIE.

Vous pensiez à moi?...

OCTAVE.

Oui... me le pardonnerez-vous?...

AMÉLIE.

Vous pardonner... ah! laissez-moi vous remercier d'abord de cette preuve d'estime. — Tenez... j'en avais besoin...

OCTAVE.

Que dites-vous?...

AMÉLIE.

Oui... depuis huit jours... certaines amertumes de mon cœur ne sont pas calmées encore.

OCTAVE.

Achevez, je vous en prie.

AMÉLIE.

Le père de mon élève... un grand seigneur pourtant, m'a fait entendre quelques paroles que je ne puis traduire que par une insultante prétention.

OCTAVE.

Il a osé?...

AMÉLIE.

Son silence depuis huit jours prouve qu'il s'est rendu compte de sa méprise... qu'il en a honte sans doute... Vous, monsieur Baudouin, vous, du moins, vous m'avez parlé en artiste...

OCTAVE.

Non plus en artiste... laissez-moi renoncer à des chimères trop longtemps poursuivies et rentrer dans la réalité pratique de la vie... Pour libérer mon passé, pour donner un peu de sécurité au présent; pour accomplir mon pèlerinage forcé de peintre, pour visiter Rome, il m'eût fallu non pas les deux ou trois mille francs que je pourrais espérer de ce tableau... mais une somme deux fois, trois fois plus forte... Où la trouver? Avec les nouvelles fonctions que j'accepte... tous les calculs ont été faits devant moi, dans dix ans je serai riche... avant deux ans, si vous daignez vous garder à moi, déjà, j'en suis sûr, je pourrai vous offrir une honorable existence.

AMÉLIE.

Mais, monsieur Octave...

OCTAVE.

Ah! vous allez sans doute me parler de mon avenir... de ma gloire... la gloire... conquête toujours douteuse. Ici l'éloge.. à côté l'envie... le dénigrement. Toujours la lutte... toujours la fièvre... jamais le but! Ah! laissez-moi le chercher dans une affection digne... laissez-moi le demander à mon admiration... à mon amour pour la femme qui est venue m'apporter à moi, inconnu, des consolations, des encouragements. Ah! tenez, je ne l'oublierai jamais — c'était au commencement d'une soirée, dans cet atelier, jamais mes pensées n'avaient été plus sombres, je méditais je ne sais quelle sinistre résolution... car je sentais la gloire fuir devant moi, et dans ce vide qu'elle me laissait... rien... rien... j'entends la sonnette s'agiter timidement.

AMÉLIE.

Oui j'hésitais, je l'avoue.

OCTAVE.

C'était vous... Je ne vous connais pas; m'avez-vous dit : et l'on ne vous connaît pas encore... mais n'importe; c'est en vous que j'ai confiance... c'est à ce talent obscur encore que je fais appel; et je vous regardais, sans même essayer de dire tout ce que j'éprouvais... moi-même je ne pouvais m'en rendre compte, mais je sentais que le vide s'était rempli... je voyais que la vie s'était éclairée pour moi.

AMÉLIE.

Eh bien ! à quoi sert donc mon encouragement aujourd'hui?

OCTAVE.

A vous obtenir. Fatigué, vaincu par une vie d'agitation pour laquelle je ne suis pas fait... ne me condamnez pas à une lutte plus douloureuse encore... la lutte contre mon cœur... Ah! par pitié je vous en supplie à genoux, ne me fermez pas ce refuge... où notre tâche est le bonheur, où la mission est déjà la récompense... où le devoir est pour nous vivant et aimant, la famille!

AMÉLIE.

Ah! je me rassure, monsieur Octave, car je vous comprends enfin, vous voulez sacrifier votre avenir d'artiste pour alléger le fardeau qui pèse sur moi... Votre résolution... ce n'était point du découragement... mais du dévouement.

OCTAVE.

Eh bien?...

AMÉLIE vivement.

Eh bien!... pouvez-vous me demander ma réponse... je ne puis être complice d'un aveuglement qui, en me donnant à moi, un nom protecteur, effacerait de l'art un noble, un grand nom peut-être.... je refuse!

OCTAVE.

Vous me refusez ?

AMÉLIE.

Pour vous sauver.

OCTAVE.

Eh bien! vous ne m'aurez pas sauvé...

AMÉLIE.

Quoi! vous êtes décidé?...

OCTAVE.

Oui, et tenez, voici l'heure où je dois rendre une réponse... daignez m'attendre... j'ai laissé écouler, en vous parlant... le temps que je devais consacrer au travail et cette toile a besoin encore de quelques coups de pinceau... Dans un instant je suis de retour... mais par pitié ne quittez pas encore cet atelier.

AMÉLIE.

Soit, monsieur Baudouin... je consens à vous attendre... à une condition.

OCTAVE.

Laquelle?...

AMÉLIE.

C'est que cette funeste réponse ne sera pas irrévocable...

OCTAVE.

La place qui m'est offerte m'est enviée par dix concurrents... Au dernier moment je pourrais encore y renoncer... mais si je tardais encore d'une minute, j'y perdrais tous mes droits... et vous ne voudriez pas m'y exposer.

AMÉLIE.

Allez donc, puisque vous le voulez, mais revenez vite... je vous attends.

OCTAVE.

Ah! je vous remercie.... A tout à l'heure.

(Il sort.)

SCÈNE VII

AMÉLIE.

Le malheureux... Oh! oui... mais ma vie qu'il me demande, ne m'appartient pas... ah! l'on ne connaît le joug de la pauvreté que le jour où on l'entend vous dire... Puisque tu as renoncé à tous les luxes de la vie... tu n'as plus le droit de garder ton cœur. Ah! si je pouvais du moins revoir l'ami d'Octave... son camarade d'atelier, faire appel à son dévouement. On vient... lui sans doute.

SCÈNE VIII

AMÉLIE, LE DUC, en noir, cheveux blancs.

AMÉLIE.

Monsieur le duc de Sora Réale!...

LE DUC.

Ne vous étonnez point de ma présence, mademoiselle... c'est vous que je cherchais ici... et j'ai attendu que vous y fussiez seule...

AMÉLIE.

Moi... monsieur le duc?

LE DUC.

J'étais venu jusqu'à cette maison, poussé par un sentiment d'injurieuse défiance... Je suis monté jusqu'à cet atelier pour une justification que je n'ai pas voulu différer d'un seul instant...

AMÉLIE.

Une justification.

LE DUC.

Il y a huit jours... quelques mots de moi...

AMÉLIE.

Ah! veuillez ne point rappeler ces paroles... monsieur le duc.

LE DUC.

Au contraire... laissez-moi les rappeler... car ce n'est point de ces paroles... que j'ai à rougir... mais du motif qui m'avait empêché depuis huit jours de vous les expliquer compléte-ment.

AMÉLIE.

Quel motif?

LE DUC.

On m'avait trompé... On avait calomnié pour moi vos sor-

ties ignorées de votre père... votre présence à cet atelier...
où vous attire le vœu le plus honorable et le plus pur...

AMÉLIE.

Monsieur le duc...

LE DUC.

Ma fille se marie à un diplomate qui va l'entraîner loin de
moi... et ma mission est terminée, je vais repartir seul... et
maître d'une fortune encore bien considérable... C'est une grave
responsabilité que la richesse... je voudrais être guidé dans
l'emploi que j'en dois faire... je voudrais surtout qu'elle servit
à replacer à son rang le cœur le plus noble, l'âme la plus
élevée... je voudrais, puisque je m'éloigne de Paris, cette
patrie de toutes les intelligences, ramener à Naples, pour l'y
faire honorer sous mon nom, la femme qui rendrait toujours
présents à mes yeux tous les attraits de la France.

AMÉLIE.

Quoi... monsieur le duc... y songez-vous ?

LE DUC.

Je songe que votre père est bien affaibli... en danger, peut-
être... les médecins... pour lui rendre la santé... réclament
un climat plus doux et le confortable de la vie... Votre père
nous suivrait... Votre famille serait la mienne.

AMÉLIE.

Mais si je dois comprendre, et je le puis maintenant... ce
que vous m'offrez, monsieur le duc, ce serait une mésalliance qui vous serait cruellement reprochée...

LE DUC.

Une mésalliance... Mais fussé-je cent fois plus noble et
plus riche... le jour où je voudrais dire à mes années de revenir sur leurs pas, je sentirais toute la navrante inutilité de
mon titre et de ma fortune... Ah ! puis-je assez vous entourer
de tous les prestiges du luxe... de tous les enivrements des
arts pour que vous ne voyiez pas de quel côté est la véritable
mésalliance ?

AMÉLIE.

Monsieur !

LE DUC.

Il faut toute franchise de part et d'autre. Ce n'est point la passion qui vous parle... la passion sous ces cheveux blancs ce serait la parodie de l'amour, et la profanation de la jeunesse ; vous ne ferez que changer de famille, mademoiselle, en conservant la vôtre, que rencontrer une seconde paternité. Aussi vous répondrez sans crainte et sans hésitation... si votre cœur avait déjà rêvé ailleurs un bonheur que vous ne pouvez, je le sais, attendre de moi...

AMÉLIE, à part.

Mon père sauvé ?

LE DUC.

Si vous n'acceptez pas, je partirai seul... et dès aujourd'hui sans doute... mais si vous ne croyez pas trop payer en m'épousant le soulagement de chères souffrances plus pressantes que moi...

AMÉLIE.

Je le sais.

LE DUC.

Ce oui que je sollicite de vous ce n'est pas ici, vous le comprenez... que je vous le demande.

BERLANDIER, dans la coulisse.

Mais non... père Pichet... je vous dis qu'Octave ne part pas...

LE DUC.

On vient... l'hôtel où ma fille a eu l'honneur de recevoir vos soins vous est toujours ouvert... je vous y attends, puisse-t-il vous servir de passage vers le palais de Sora Réale. Mademoiselle Amélie Vernier, croyez à mon respect.

(Il sort.)

AMÉLIE.

La vie pour mon père... un avenir assuré pour toute ma famille, tout cela à l'instant comme dans un rêve, mais à quel prix !

SCÈNE IX

BERLANDIER, AMÉLIE.

BERLANDIER.

Mais non... mère Pichet, je vous dis que c'est impossible. (Apercevant Amélie.) Ah! pardon, mademoiselle!... j'étais en train de quereller notre ange gardien de la loge... Elle me soutient qu'Octave lui a ordonné de faire ses paquets... Comment, Octave!... que je vous avais confié!

AMÉLIE.

Mes conseils... mes supplications même n'ont rien pu obtenir.

BERLANDIER.

Oh! alors... il y a autre chose que du découragement... la maladie est compliquée... c'est égal... il ne partira pas, et quand je devrais appeler la garde... tenez, il ne s'est jamais occupé de politique, eh bien, je le fais arrêter comme bonapartiste !

SCÈNE X

AMÉLIE, OCTAVE, BERLANDIER.

BERLANDIER.

Ah! te voilà, toi... ainsi tu nous quittes?...

OCTAVE.

A six heures... et tu vois qu'il en est cinq ?... (Octave montrant des lettres.) Tiens, lis ces lettres presqu'injurieuses que je reçois à l'instant, des dettes d'autant plus humiliantes... que même leur exiguïté ne me permet pas de les acquitter.

BERLANDIER.

C'est vrai... les dettes sont comme les enfants... plus elles
sont petites... plus elles sont criardes... mais ce n'est pas une
raison...

OCTAVE.

Il y a une raison... ma parole donnée... (A Amélie.) Seulement il dépend de vous, mademoiselle, que je parte confiant
ou désespéré.

BERLANDIER, à part.

Que dit-il?... et moi, imbécile qui n'avais pas compris...
voilà la complication.

OCTAVE.

Eh bien ! c'est pour elle... pour elle seule que je pars...

AMÉLIE, après un silence.

Monsieur Octave Baudouin, vous allez m'envoyer tout à
l'heure ce portrait que vous pouvez achever sans moi... un
mot vous dira alors ma réponse. (Mouvement d'Octave.) Ne m'in-
terrogez pas... mais que cette séparation ne soit que longue
ou qu'elle devienne éternelle... souvenez-vous que la dette
la plus sacrée de toutes... est celle que l'on contracte envers
son propre talent... Vous vouliez mettre votre confiance en
moi... il faut la placer plus haut... et croyez-moi... alors elle
ne sera pas trompée... adieu !... monsieur Octave... adieu.

(Elle sort.)

SCÈNE XI

OCTAVE, BERLANDIER, LE PÈRE PICHET qui entre.

OCTAVE.

Partie ! et je ne la reverrai peut-être jamais.

(Il s'approche du portrait et y donne quelques coups de pinceau.)

BERLANDIER.

Mettez le couvert, père Pichet... et à mon aide le champagne... il a fait tort à assez de bonnes résolutions... pou

m'aider à en combattre une mauvaise... Allons, viens. (S'ap-
prochant d'Octave, pendant que le père Pichet met le couvert.) Des larmes
dans tes yeux... à la vue de ce portrait... ah çà, tu l'aimes
donc bien ?

OCTAVE.

Eh bien !... quand ce serait ?... Puisqu'il s'agit d'un objet
digne...

BERLANDIER.

C'est bien ce qui m'épouvante... Les chutes ne sont fatales
qu'en raison de la hauteur d'où l'on tombe... et quand vous
vous brisez contre l'obstacle de toute la force d'une passion
accrue par l'estime, il n'y a plus rien pour amortir le choc....
Si je vis tranquille et bien portant, moi, c'est que je ne suis
jamais tombé de haut ;... pas de talent, par conséquent pas
de déception... et quant aux femmes... j'en ai aimé de tous les
états, de toutes les mises... mais il y a un voile que je ne
me suis jamais exposé avec elles à déchirer... l'illusion !...

OCTAVE, au père Pichet.

Ce portrait chez mademoiselle Vernier... c'est pressé... il y
a une réponse.

(Il donne le portrait, que la femme de charge emporte.)

BERLANDIER.

Et maintenant à table !...

OCTAVE.

Je n'ai pas faim !...

BERLANDIER.

Ah ! tu ne boiras pas... c'est sûr, un amoureux ! ivresse contre
ivresse ne peut rien !... C'est que vois-tu... en fait d'amour...
j'ai vu un exemple terrible à Boussac, près Montluçon.... Le
fils du percepteur des contributions, Rigobert Bernardin... un
garçon peu poétique... né dans le chiffre et nourri dans la
cote... il s'est épris inutilement de la fille du receveur parti-
culier de Montluçon... séparé du chef-lieu de sous-préfecture
par toute la distance des rangs... il est devenu fou... Oh ! il
faut avouer qu'auparavant il était à peu près idiot... et sous ce
rapport, on ne peut pas dire qu'il ait perdu absolument au
change... mais ça ne se rencontre pas toujours aussi bien...

(La pendule sonne une demi-heure.)

2

OCTAVE.

Cinq heures et demie... il y a un quart d'heure d'ici à l'hôtel des postes... je n'ai pas de temps à perdre... (A part.) C'est cela... je vais passer chez Amélie.

(Il met son manteau et sa casquette de voyage.)

BERLANDIER, se levant.

Eh bien... eh bien!... non, impossible que tu partes.

OCTAVE.

Berlandier !...

BERLANDIER, avec exaltation.

Voyons... voyons... est-ce qu'il ne te semble pas que toutes ces ébauches sans achèvement, tous ces tableaux sans successeur vont parler pour te retenir ?... Non, tu ne partiras pas, parce qu'il n'y a pas de puissance humaine qui empêche la terre de germer... et l'intelligence de produire... Oh ! je sais que ton talent se débat dans les plus vils obstacles, comme le plongeur vigoureux qui a les pieds pris dans de misérables herbes... Mais qu'importe! à l'artiste ses déboires, comme au soldat ses blessures... puisque pour tous deux la victoire n'est qu'à ce prix!

OCTAVE.

La victoire !... rien ne me la fait présager jusqu'ici... si elle m'attend... montre-moi donc quelque chose qui me l'annonce...

BERLANDIER.

C'est vrai... je ne vois rien venir... la justice est boiteuse, mais qui sait, elle va peut-être venir en voiture !

OCTAVE.

Dans ce cas... elle sera venue trop tard, vois cette aiguille qui marche et qui m'entraîne.. Allons, adieu... je ne peux plus tarder d'un instant.

BERLANDIER.

C'est donc vrai... tu pars ?

(On frappe à la porte.)

SCÈNE XII

LES MÊMES... UN HOMME en noir.

L'HOMME.

Monsieur Octave Baudouin.

BERLANDIER.

C'est ici... monsieur !...

OCTAVE.

C'est moi-même... monsieur... mais en ce moment... vous
me pardonnerez... je n'ai plus le temps de vous recevoir.

L'HOMME.

Pardon, monsieur... mais ce que j'aurais à vous dire ne sau-
rait souffrir aucun retard... vous avez exposé une madone ?

BERLANDIER.

La voici, monsieur...

L'HOMME.

La personne qui m'envoie, monsieur, a apprécié au dernier
Salon toute la valeur de cette œuvre importante... toute celle
surtout qu'elle acquerra plus tard.

OCTAVE.

Et quelle est cette personne ?...

L'HOMME.

Il m'est défendu de la faire connaître... je dois même vous
prévenir, si vous acceptez ses offres, que votre tableau doit
partir pour une destination lointaine... Aussi l'acquéreur com-
prend-il que le prix doit être en raison du sacrifice qu'il vous
impose.

BERLANDIER.

Donnez-vous donc la peine de vous asseoir...

L'HOMME.

Enfin, monsieur... je ne puis plus ajouter qu'un mot... j'ai ordre, si vous y consentez, de faire emporter à l'instant cette toile et de laisser sur cette table quinze mille francs.

BERLANDIER.

Quinze mille francs !... mais c'est un crédit pour la gloire... une vraie lettre de change sur l'immortalité !

OCTAVE.

Ah ! oui... une volonté suprême se manifeste... je puis revivre à l'art sans renoncer à elle !... (A l'homme.) J'accepte.

L'HOMME.

Voici les quinze mille francs... je prends cette toile...

OCTAVE.

Ah ! la réponse d'Amélie... (Il ouvre la lettre.) Ne songez plus à moi...

BERLANDIER.

Eh bien... tu es sauvé !...

OCTAVE.

Oui... sauvé... mais je l'ai perdue !...

(On entre au fond pour prendre la toile. — Rideau.)

ACTE DEUXIÈME

Un site près de Portici, sorte d'esplanade plantée d'arbres sur une hauteur, vers le fond un banc auprès d'un gros arbre. — Sur le devant,
à droite, une hôtellerie avec une enseigne à saint Janvier; à l'extrême
horizon, le Vésuve et la mer.

SCÈNE PREMIÈRE

OCTAVE, en train de peindre devant l'hôtellerie ; GIOVANNA, en
riche costume de paysanne romaine posant ; BERLANDIER, sortant
de l'hôtellerie en fumant...

OCTAVE, à Giovanna.

Tiens la tête plus droite... Giovanna.

BERLANDIER.

Tu as beau faire... notre enfant d'adoption ne sera jamais
qu'un mauvais modèle... Octave, sais-tu autre chose ?

OCTAVE.

Eh bien...

BERLANDIER.

Voilà quinze jours bientôt que nous avons quitté Rome. —
Veux-tu que je te dise mon avis sur Naples que nous avons
visité et sur Portici que je contemple ?

OCTAVE.

Parle...

BERLANDIER.

Eh bien... ça manque de couleur locale, je trouve qu'il y
en a bien plus dans la *Muette* de l'Opéra.

2.

OCTAVE.

C'est pour ça, sans doute, que tu ne travailles plus.

BERLANDIER.

Travailler... moi... Ah ! Octave, tu as été bien avisé de devenir un peintre célèbre et de faire fortune pour tous deux... Sais-tu l'épître que je reçois de France ?

OCTAVE.

Est-ce qu'on t'y parle de mon tableau ?

BERLANDIER.

Que tu crois égaré en route ? si j'avais pu te rassurer, je l'eusse déjà fait... mais, malheureusement, il ne s'agit pas de ça... tu sais que depuis la révolution de 1830, mon père veut une famille comme la royauté, à bon marché, et qu'il me rogne chaque année ma liste civile.

OCTAVE.

Oui !

BERLANDIER.

Eh bien, aujourd'hui, il refuse tout à fait le budget.

OCTAVE.

Ah !

BERLANDIER.

J'avais eu l'imprudence, sous le dernier règne, de faire accroire que j'étais la victime d'une oppression politique... Dès lors, on a fini par s'étonner à Montluçon que tout ait changé en France, excepté ma destinée, et que ma gloire n'ait pas subitement mûri au soleil de juillet ; de plus, mon père a fait le voyage de Paris. — C'est qu'il est avancé maintenant le papa Berlandier. — Et comme il est pour la réforme, pour l'adjonction des capacités... il a fini par douter de la mienne.. Bref, il m'a retiré à la fois son enthousiasme et ma subvention... Je sais bien que je puis lui écrire que je n'ai encore que quarante-deux ans, que les dispositions peuvent venir plus tard... mais quand les peuples et les pères commencent à s'éclairer... eh bien, c'est égal, je ne me décourage pas.

OCTAVE.

A la bonne heure.

BERLANDIER.

Toi, tu cultives l'art qui t'illustre, qui t'enrichit... quel mérite as-tu ? mais, moi, l'art ne me donne rien, ni talent, ni célébrité, ni richesse... pas même un morceau de pain, et je l'aime, et je l'aimerai toujours. — Octave! ah! quel dommage que la postérité m'ignore ! —j'eusse inauguré une nouvelle série de héros! les martyrs de l'incapacité patiente, courageuse et résignée!

OCTAVE.

Berlandier, tu es grand comme le monde... mais Giovanna ne tient pas la tête assez droite.

BERLANDIER.

Est-ce que tu ne vois pas que la pauvre enfant est fatiguée?

OCTAVE.

C'est vrai... repose-toi un moment, Giovanna.

GIOVANNA.

Merci, monsieur Octave.

(Elle va au fond, s'assied sur le gros arbre, et tire un fruit de sa poche.)

BERLANDIER, bas à Octave.

Giovanna regarde trop son peintre pour bien poser... et toi, peut-être, tu ne la regardes pas assez...

OCTAVE.

Eh bien, qu'est-ce que tu veux que j'en fasse... ma femme peut-être?...

BERLANDIER.

Pourquoi pas?...

OCTAVE.

Tu plaisantes, je crois... Après ça, tu es si étranger au monde.

BERLANDIER.

Voilà la première parole aimable que tu me dis depuis ce matin... Ah! je sais que la situation sociale de Giovanna manque un peu de régularité... mais il y a cinq ans que tu l'as prise enfant... tu l'as élevée ; et l'on n'est jamais si sûr

que du dîner qu'on a fait soi-même... et puis, j'ai encore
d'autres motifs... tiens, je ne suis pas content de toi...

OCTAVE.

De moi...

BERLANDIER.

Il n'y a pas bien longtemps encore, tu ne pouvais pas placer les plus belles toiles... aujourd'hui on te paie richement
les moindres copies... tu ne pouvais, autrefois, solder le terme
d'une mansarde; aujourd'hui, tu loues pour nous deux et les
camarades de Rome, cette petite hôtellerie tout entière,
l'Hôtellerie de Saint-Janvier, la mieux située du pays...
le rendez-vous de la haute société indigène... eh bien, avec
tout ça, tu as toujours l'air de t'ennuyer.

OCTAVE.

Moi?...

BERLANDIER.

Oh! je sais que tu en as les moyens... Mais partout où l'on
n'est pas heureux... moi, je cherche toujours la femme...

OCTAVE.

La femme... et où la prends-tu?

BERLANDIER.

Justement... il y en a qui ont l'absence si perfide, elles sont
toujours parfaites quand on ne les voit pas... Tiens, je voudrais être bien sûr que tu ne penses plus à certaine institutrice...

OCTAVE.

Amélie. — Allons donc... si j'y pensais, ce ne serait pas
pour l'aimer.

BERLANDIER.

Tu crois... mais la haine est de toutes les formes de l'amour
la plus dangereuse, celle dont on se défie le moins. Vois-tu,
Octave, je voudrais pour toi quelque bon mariage prosaïque..
bien épaississant... (Mouvement d'Octave.) Dame, tu es malade...
et je suis pour la vieille médecine, moi... et je ne te souhai-
terais ici qu'un remède de bonne femme...

OCTAVE.

Pendant que je t'écoute, mon tableau n'avance pas. Giovanna, reprends ta pose...

GIOVANNA.

Me voici, monsieur Octave.

(Elle se remet à poser.)

BERLANDIER.

Ça (regardant au fond) quelqu'un qui flâne... ça doit être un importun....

SCÈNE II

OCTAVE, BERLANDIER, GIOVANNA, SAINTE-LUCE.

SAINTE-LUCE, à part.

Je n'ai pu joindre la duchesse de Sora Réale, mais c'est bien ici que Caputi m'a donné rendez-vous... Voilà l'hôtellerie qu'il m'a désignée. (Apercevant Octave.) Ah ça... mais je ne me trompe pas... monsieur Octave Baudouin...

OCTAVE.

Monsieur...

SAINTE-LUCE.

Le baron Boëmond de Sainte-Luce.

BERLANDIER, à part.

Notre amateur de Paris... je le sentais comme le cheval sent la bête fauve dans le désert.

SAINTE-LUCE.

Il y a quelques années, monsieur Baudouin, dans votre atelier... je n'ai pas hésité à saluer votre avenir d'un présage,

BERLANDIER, à part.

Au rabais.

SAINTE-LUCE.

Je voulais aller visiter Rome... mais j'ai été retenu du côté de Naples et je m'en félicite puisque j'ai l'honneur... (Voyant Octave qui gratte son tableau avec un rasoir.) Tiens, vous vous servez d'un rasoir pour votre peinture...

BERLANDIER.

Pourquoi pas, monsieur... les barbiers se servent bien d'un pinceau.

SAINTE-LUCE.

C'est juste. (Apercevant Giovanna.) Oh! mais la ravissante jeune fille... je la reconnais.

OCTAVE.

Vous la reconnaissez...

SAINTE-LUCE.

Elle est dans tous les chefs-d'œuvre que vous envoyez de Rome... chaque année, au salon de Paris. Et tenez, cette jolie personne, il y a trois ans, donnait un charme exquis à votre plus délicieux tableau : Les Baigneuses de Tarente.

OCTAVE.

Ce n'est pas étonnant, monsieur... Giovanna est un modèle.

SAINTE-LUCE.

Un modèle... je comprends... vous êtes un heureux mortel... monsieur Baudouin... rien ne manque ici à Raphaël... pas même la Fornarina...

OCTAVE.

Pardon, monsieur, il n'y a ici pas plus de Fornarina que de Raphaël.

SAINTE-LUCE.

Allons donc !...

OCTAVE.

Je vous dis que vous vous trompez... et si vous ne me croyez pas... Giovanna, dis toi-même à monsieur le baron qui tu es et comment tu te trouves avec moi.

BERLANDIER.

Ecoutez ça, monsieur le baron, ça n'a aucun rapport avec vos Parisiennes...

GIOVANNA.

Je suis Giovanna, la fille du Bizarro, mon père était à la montagne...

SAINTE-LUCE.

A la montagne...

BERLANDIER.

Ça veut dire qu'il faisait du brigandage... mais à Naples c'est très-bien porté...

GIOVANNA.

Ma mère, une vaillante femme... m'a conté que lorsque j'étais tout enfant... elle m'enleva dans ses bras... pendant qu'elle fuyait avec son mari devant les carabiniers... Comme mes cris pouvaient trahir leur fuite, mon père exaspéré me brisa la tête contre un arbre... j'ai encore la cicatrice du coup... mon père me crut morte, ma mère me releva sanglante et ne criant plus... et quand le Bizarro... se croyant en sûreté, s'endormit, ma mère prit son fusil et lui fit sauter le crâne...

SAINTE-LUCE.

Ah ! diable.....

GIOVANNA.

J'aurais fait comme elle... Ma mère dont les soins m'ont conservé la vie... a épousé le Barbone.

SAINTE-LUCE.

Le Barbone...

GIOVANNA.

Il est aussi à la montagne...

SAINTE-LUCE.

Ah très-bien !...

BERLANDIER.

Dans ce pays-ci, on ne déroge pas...

GIOVANNA.

Le Barbone a toujours eu pour moi la plus vive tendresse...
aussi comme ma mère l'aimait... mais les carabiniers prirent
tous les amis de mon père d'adoption...

BERLANDIER.

Elle veut dire la bande...

GIOVANNA.

Il a échappé seul... ma mère, qui avait reçu une balle dans
la poitrine, a été emmenée avec moi en prison aux Termini
de Rome.

OCTAVE.

Où je suis venu m'installer moi et quelques autres peintres...
la bande des brigands est devenue une paisible population de
modèles...

GIOVANNA.

Ma mère a succombé aux suites de sa blessure, j'avais dix
ans... Alors M. Octave, qui a fait un beau tableau d'après ma
mère...

SAINTE-LUCE.

Je me le rappelle, la femme blessée il y a trois ans au Salon.

GIOVANNA.

M'a demandé si je voulais le suivre et je suis heureuse
d'être auprès de lui parce qu'il est comme le Barbone un
homme célèbre...

BERLANDIER.

Dans un autre genre...

OCTAVE, à Sainte-Luce.

Vous le voyez, monsieur, cette enfant, c'est moi-même qui
me la suis confiée ; or, on peut comprendre que la passion
fasse attenter à l'honneur d'un autre, mais jamais elle ne
m'eût absous de m'être volé le mien...

SAINTE-LUCE.

Ah ! très-bien, très-bien, mais il y a donc encore des bandits en Italie...

BERLANDIER.

Vous en doutez... le Barbone est dans les environs de
Naples...

SAINTE-LUCE.

Eh bien, j'ai voyagé pour trois choses, une tempête, une
éruption du Vésuve... et une aventure de brigands... Mais
voyez le malheur, toujours la mer la plus calme, on se serait
cru encore bercé par sa nourrice... Quant au Vésuve, depuis
un mois que je l'observe tous les jours... c'est tout au plus si
je le vois fumer (montrant son cigare) un peu moins que la civette..
Restent les brigands : j'en ai cherché de tout côté et je n'ai
jamais pu être volé... que par des aubergistes... Aussi vous
comprenez que pour rencontrer toujours des traversées sans
accident, un volcan aussi bien ramoné que ma cheminée et
une population non moins paisible que sale, j'aime tout autant
la galiote de Saint-Cloud, le Mont-Valérien et la rue de la
Paix... (Il va s'asseoir sur un banc de pierre.)

BERLANDIER.

Je crois qu'il s'installe ici... ça me met en fuite.. veux-tu que
je donne ordre à Justin de plier bagage, puisque tu t'es donné
l'invraisemblance d'un domestique?...

OCTAVE.

Oui, je vais me promener avant le déjeuner.

(Berlandier va au fond et parle au domestique qui prend le chevalet et emporte la toile.)

GIOVANNA.

Me permettez-vous de vous accompagner ?

OCTAVE.

Non, j'ai besoin de solitude et de silence.

GIOVANNA.

Je vous en prie...

OCTAVE, avec humeur.

Mais quand je te dis de me laisser...

BERLANDIER.

Laisse-le, Giovanna. Il faut bien qu'il soit avec son enne-
mie. (Bas à Octave.) Pourquoi es-tu si dur pour cette pauvre
enfant?

OCTAVE, à part.

C'est vrai, le pire de tous les égoïsmes est celui de la souffrance... (A Berlandier.) Cet imbécile m'a fait réfléchir cependant... garder plus longtemps Giovanna auprès de nous, ce n'est pas convenable; qu'en dis-tu?

BERLANDIER.

Je dis que tu as beau être devenu riche, tu ne l'es pas assez pour jeter à la mer un des deux cœurs qui te sont dévoués... (A Giovanna.) Allons, viens, Giovanna!

(Octave sort d'un côté. Berlandier et Giovanna rentrent dans l'hôtellerie. Sainte-Luce est resté au fond.)

SCÈNE III

SAINTE-LUCE, puis CAPUTI.

SAINTE-LUCE.

Caputi... enfin...

CAPUTI.

Pardon, Excellence, si je suis en retard avec vous, mais cette montée est si escarpée...

SAINTE-LUCE.

Verrai-je la duchesse de Sora Réale? une institutrice qui a eu de l'avancement?

CAPUTI.

Excellence, la duchesse se dirige de ce côté... le duc m'a ordonné de commander le déjeuner à l'hôtellerie de Saint-Janvier, mais pour midi seulement; j'ai le temps...vous allez en redescendant rencontrer mes illustres hôtes et ils s'empresseront de vous inviter.

SAINTE-LUCE.

Je ne saurais trop vous remercier, mon cher Caputi... vous êtes bien le sigisbée le plus inoffensif et le moins jaloux...

CAPUTI.

C'est ma spécialité, Excellence... ne m'ayez aucune reconnaissance, au contraire, c'est moi qui vous en dois. Enfin, j'ai trouvé un asile chez le duc de Sora Réale. Il n'y a rien à dire sur le compte de la duchesse, plus pieuse que coquette... et préférant au boudoir son oratoire où on la voit sans cesse, mais comme un autre elle peut s'apercevoir que je suis trop jeune. Or, Excellence, vous êtes très-bien reçu au palais de Portici...

SAINTE-LUCE.

Je le crois.

CAPUTI.

Mais enfin vous n'avez rendu ni distraite ni rêveuse ma belle protectrice, continuez donc, Excellence, à lui prodiguer librement tous vos soins et puissiez-vous écarter tous les autres soupirants... Tant que vous serez là, je suis tranquille pour ma sinécure ; dans mes fonctions si douces et si morales, je pourrai être aidé, allégé au besoin, je sais que je ne serai pas remplacé.

SAINTE-LUCE.

Ainsi, vous me protégez, monsieur Caputi, parce que vous ne me croyez pas dangereux; eh bien, prenez garde à vous.

CAPUTI.

Pardonnez, illustrissime seigneur, il faut que je commande le menu de leurs Excellences... il faut que je soigne le déjeuner, j'en suis...

SAINTE-LUCE.

Et moi je vais au-devant de la duchesse, monsieur Caputi... vous m'avez piqué au jeu, votre succession est ouverte... Au revoir... (Il sort par le côté.)

CAPUTI.

Mes respects, Excellence. (Il entre dans l'hôtellerie.)

SCÈNE IV

OCTAVE, seul, entrant rapidement et très-troublé.

Amélie, c'est elle ! Je viens de l'apercevoir là... gravissant la côte... et il m'a semblé même... me suis-je trompé... qu'en levant la tête, elle m'a reconnu aussi. Oh ! Dieu qui me permet de la retrouver, Dieu me l'aura rendue libre… Ah ! je me sens défaillir.

(Il tombe assis sur un banc au fond.)

SCÈNE V

CAPUTI, L'AUBERGISTE, puis BERLANDIER, OCTAVE, au fond.

CAPUTI, sortant de l'hôtellerie avec Grégorio.

Ainsi, père Grégorio, il n'y a pas moyen d'avoir à déjeuner chez vous aujourd'hui.

GRÉGORIO.

Impossible… mon auberge est retenue tout entière par des seigneurs peintres français…

CAPUTI.

Diable… c'est que s'il faut aller chercher à cette heure, et par cette chaleur, une autre auberge… les estomacs de leurs Excellences vont souffrir, je sens cela aux tiraillements du mien.

GRÉGORIO, montrant Octave qui sort avec Berlandier de l'auberge.

Tenez, voici précisément un des seigneurs peintres, parlez-lui si vous voulez.

CAPUTI, à Octave.

Ah ! Excellence illustrissime, est-ce que vous daigneriez permettre que l'on servît à déjeuner dans votre hôtellerie au duc de Sora Réale qui gravit cette côte en ce moment ?…

OCTAVE.

Soit, mais je ne consentirai à laisser ouvrir cette auberge à un étranger, fût-il un prince, qu'à une condition… c'est qu'il ne sera pas seul…

CAPUTI.

Il n'est pas seul, Excellence… d'abord il est avec moi… un appétit des plus distingués.

OCTAVE.

J'entends, en demandant s'il est seul, s'il amène quelque

personne que les lois de la galanterie m'ordonnent d'accueillir...

CAPUTI.

N'est-ce que cela, Excellence... alors nous sommes sauvés.

BERLANDIER, à Octave.

Eh bien... qu'est-ce que cela te fait, pourquoi es-tu si ému?...

CAPUTI.

Le duc amène sa femme, illustrissime Française, une charmante compatriote à vous.

OCTAVE, à part.

Plus de doute.

CAPUTI.

Et tenez, je l'aperçois... elle n'est plus qu'à quelques pas.

OCTAVE, à part.

Amélie. (Haut.) Soit... c'est à elle que je rendrai réponse...

BERLANDIER.

Eh bien, est-ce une raison pour pâlir, pour balbutier?

OCTAVE, bas à Berlandier.

Cette femme... c'est Amélie....

BERLANDIER.

Amélie... nous voilà en pleine rechute... allons, remets-toi donc...

SCÈNE VI

AMÉLIE, accompagnée de SAINTE-LUCE, CAPUTI, OCTAVE, BERLANDIER.

AMÉLIE, au fond, fermant son ombrelle.

Est-ce bien Octave que j'ai aperçu?

SAINTE-LUCE, à Caputi.

Tenez-vous, monsieur Caputi... vous êtes en danger... cet excellent duc était resté en arrière pour me laisser la place libre, j'ai offert mon bras à la duchesse, je l'ai attendrie, troublée.

CAPUTI.

Il se pourrait ? (A Amélie.) Duchesse.

AMÉLIE.

Eh bien, monsieur Caputi... quelles nouvelles...

CAPUTI, à part.

C'est vrai, sa voix est émue.

AMÉLIE.

Tout est-il disposé pour le déjeuner?... Ah! prenez mon ombrelle...

(Elle tend l'ombrelle à Caputi, puis la retire subitement et la rouvre.)

CAPUTI, à part.

Elle ouvre son ombrelle à l'ombre, une distraction, la première, décidément il y a quelque chose. (Haut.) Duchesse, un malheur, l'hôtellerie est retenue.

OCTAVE, s'avançant.

Par celui qui est heureux, madame, de pouvoir vous offrir l'hospitalité...

AMÉLIE.

Monsieur Octave! (A part.) Je ne me trompais pas... c'est lui que j'avais vu.

CAPUTI, à part, regardant Amélie.

Elle a pâli en apercevant l'étranger, tout s'explique. (Montrant Baudouin.) Voilà l'objectif.

OCTAVE.

Vous voudrez bien, madame la duchesse, ainsi que votre époux et les personnes qui vous accompagnent me faire l'honneur d'accepter le déjeuner que vous veniez commander ici.

AMÉLIE.

Mais...

OCTAVE.

Je l'exige... si vous ne voulez me laisser supposer que l'in-
vitation d'un ancien ami, d'un simple artiste vous humilie...

AMÉLIE.

Ah ! s'il en est ainsi.

OCTAVE.

Alors vous acceptez... Monsieur de Sainte-Luce, je crain-
drais que mon ami Berlandier ne sût pas convenablement traiter mes illustres hôtes, veuillez l'aider de vos conseils...

SAINTE-LUCE.

Comment donc, monsieur Beaudouin, avec plaisir.

BERLANDIER, bas à Octave.

Je comprends, tu veux une explication, un tête-à-tête.

OCTAVE.

Le dernier.

BERLANDIER, à part.

C'était inévitable, mais n'importe... je vais presser le déjeuner (Haut.). Venez, baron...

SAINTE-LUCE, à Caputi.

Allons, tout va bien.

CAPUTI.

Tout va mal.

(Sainte-Luce, Caputi et Berlandier entrent dans l'hôtellerie.)

SCÈNE VII

AMÉLIE, OCTAVE.

AMÉLIE.

J'eusse voulu vous présenter à l'instant même, monsieur
Baudouin, à celui qui a bien voulu m'associer à sa vie, mais le
duc de Sora Réale ne sera ici que dans quelques instants.

OCTAVE.

Je serai très-honoré de connaître, madame, l'homme qui a
été assez heureux pour conquérir vos préférences... assez
élevé pour les mériter...

AMÉLIE.

A l'accent avec lequel vous prononcez ces paroles, on dirait
que vous vous plaignez, monsieur Octave ; le sort ne vous a-t-il
pas pourtant remis à votre véritable place ?

OCTAVE.

Il est vrai, madame, que je ne suis plus ce pauvre artiste
obscur que vous avez connu et qu'on oubliait si facilement,
au moment où nous nous sommes perdus de vue ; on est venu
à mon aide, on a acheté mon tableau dédaigné d'une somme
qui m'a permis d'attendre des chances meilleures... Une main
que je bénirai toute ma vie, une main m'a secouru... De celles-
là seules nous viennent courage et appui.

AMÉLIE, à part.

Il n'a rien compris, ah ! tant mieux. (Haut.) Mais alors pourquoi cette tristesse ?

OCTAVE, à part.

Cette tristesse, qu'elle n'en soupçonne pas la cause,... (Haut.)
Oh ! ne faites pas attention, madame, mais en ce moment de
pénibles préoccupations, une toile importante sur laquelle je
fondais tout l'espoir de mon année, envoyée au Salon de
Paris... les nouvelles me manquent,... je redoute quelque
malheur...

AMÉLIE.

Ah ! alors, j'aurai peut-être la joie de pouvoir vous rassurer ; le duc reçoit les nouvelles de la politique et des arts, par
la voie plus directe et plus sûre de l'ambassade. Parti avec moi
dès le matin, il a justement ordonné qu'on lui apportât ici son
courrier.

OCTAVE.

Eh que m'importe tout cela, ma gloire et mes tableaux ?
Ah ! tenez, je voulais me taire, mais malgré moi, mon cœur
déborde... Eh bien, sachez-le donc, pas un jour, pas une minute, ne s'est fermée la blessure de ce cœur méprisé par vous,

et si le cerveau de l'artiste a conservé quelque puissance, et son pinceau a acquis quelque prestige, c'est que ce n'était pas seulement l'ambition, la soif de la gloire qui conduisait ma main, mais un désir de vengeance... oui, je voulais que ce bruit que j'éveillais autour de mon nom, vous poursuivît partout, vous parlât sans cesse de l'homme dont vous n'avez pas daigné attendre l'heure si prochaine pourtant... oui, oui, toute mon inspiration, tout mon succès... tout mon génie comme on l'appelle... il me semblait que ce n'était que de la haine, de la haine! je croyais vous haïr, insensé... Ah! tenez, tout à l'heure, montait au bas de cette colline une forme indistincte, je n'ai rien vu, je ne pouvais rien voir, mais tout mon être a tressailli, on eût dit que mon cœur gonflé dont les battements répondaient de loin à tous vos pas, avait la force de soulever le voile que l'espace laissait sur mes yeux, et quand j'ai été bien sûr que c'était vous, alors j'ai senti tout à coup des années de colère et d'amertume se fondre en une immense extase de bénédiction et de tendresse. Et voilà comment je me vengeais, voilà comment j'ai pu vous haïr...

AMÉLIE.

Ah! Octave, prouvez-moi mieux que vous méritez cette haute fortune à laquelle je devais... j'ai voulu vous laisser tout entier... A chacun sa mission, croyez-moi.

OCTAVE.

Mais quand mon cœur saigne.

AMÉLIE.

S'il pouvait être vrai que le temps n'eût pas suffi à vous guérir, si vous n'avez pas su maîtriser des sentiments qui feraient maintenant un malheur réel, de souffrances nées, je l'espère surtout de votre imagination d'artiste, alors je vous dirais... Monsieur Baudouin, séparons-nous. (Mouvement d'Octave.) Mais vous ne m'imposerez pas cette nécessité cruelle, vous saurez regarder en face, et vous ferez évanouir ce fantôme d'une passion coupable et impossible... Octave, je vais déchirer entre nous tout voile... je ne veux même pas vous laisser cette espérance qu'on pardonnerait à une âme vulgaire... spéculer sur l'héritage d'une noble vieillesse, de celui à qui je dois le respect de tous, mon père sauvé, toute ma famille élevée, intelligente, heureuse. Et nous oserions escompter une tombe que Dieu, s'il est juste, ne laissera pas de longtemps ouvrir... Ah! ne nous demandons l'un à l'autre que ce que nous pouvons avouer hautement... Octave, effa-

3.

cez-moi entièrement de votre avenir, choisissez une autre compagne digne du grand nom qu'elle portera, mais gardez toujours un peu d'amitié à la femme qui ne veut partager avec vous que les joies de votre gloire... Cette gloire... ah! elle peut en jouir sans remords, sans réserve, il lui semble que c'est aussi la sienne, car vous le savez, Octave, elle vous avait bien deviné.

OCTAVE.

Amélie... après tout, est-ce votre faute si vous ne m'avez pas aimé?... mais permettez-moi de ne pas m'exposer plus longtemps à votre présence.

AMÉLIE.

Que voulez-vous dire?

OCTAVE.

Je retourne en France, ma patrie... elle, du moins, n'est pas ingrate...

AMÉLIE.

La patrie... votre talent ne vous en a-t-il pas fait une autre en Italie?... Ah! le duc...

SCÈNE VIII

LE DUC, AMÉLIE, OCTAVE.

AMÉLIE.

Duc, venez donc, et que je vous apprenne d'abord que nous sommes ici les hôtes d'un artiste dont le nom est aujourd'hui l'orgueil de mon pays et du vôtre, monsieur Octave Baudouin.

LE DUC.

Ah!... heureux, monsieur...

AMÉLIE.

Mais, nous ne le rencontrons que pour le perdre.

LE DUC.

Permettez-moi de me joindre à madame de Sora Réale,
monsieur, pour espérer que cette résolution...

OCTAVE.

J'ai le regret de vous annoncer, monsieur le duc, qu'elle
est arrêtée désormais.

AMÉLIE.

Alors, n'est-il donc pas du moins une preuve de dévouement et d'amitié que vous permettiez de vous donner? le duc,
qui sait mon estime pour vous, serait heureux de s'y associer...

OCTAVE, après un silence.

Puisque vous voulez me le demander, un service, un con-
seil... il est certaines bonnes actions plus difficiles à achever
qu'à entreprendre. Il y a cinq ans, j'ai ramassé dans la ver-
mine des prisons de Rome, une pauvre enfant, l'orpheline de
deux brigands, emportée dans un cachot par une razzia...
Faut-il l'avouer, entrée dans mon atelier comme simple modèle, elle a grandi près de moi... mais maintenant que c'est
une femme, son honnêteté qui m'a été facile à respecter est
mal à l'aise dans la liberté de l'atelier... Giovanna est déjà
calomniée. Mon intérêt pour elle lui a appris la pudeur,
mon affection aujourd'hui me commande la prudence ; absorbé par mon art, je sens combien est insuffisante la protection distraite que je lui prête; l'emmener avec moi est difficile... la laisser encore plus...

LE DUC.

N'est-ce que cela?... mais veuillez confier cette enfant à
madame de Sora Réale.

AMÉLIE.

Ah! duc, vous réalisez généreusement la pensée que je
n'avais osé exprimer...

OCTAVE.

Je vous remercie... mais...

AMÉLIE.

Achevez...

OCTAVE.

Comment Giovanna reconnaîtrait-elle votre hospitalité ? il
y a parfois tant d'orgueil sous ces haillons... nature primi-
tive, sauvage, sous une beauté idéale, cette fille de bandits
se croirait deshonorée de vous servir...

LE DUC.

Aussi n'est-ce pas à ce titre que nous vous la demandons,
nous avons moins besoin, croyez-moi, de serviteurs que d'affections et les plus humbles sont parfois les plus douces...
Vous, votre vie remplie par la renommée peut se passer des
distractions d'une tendresse qui devient un embarras... Eh
bien! cette enfant animera pour nous une maison un peu
vide... elle créera au palais de Sora Réale la famille qui
devait y manquer... Vous le voyez donc, monsieur Baudouin,
les bonnes actions sont toujours plus fécondes que gênantes...
vous aviez cru n'en faire qu'une et voilà qu'il vous en sera
compté deux...

AMÉLIE.

Eh bien ! qu'est-ce qui peut vous empêcher d'accepter?

OCTAVE.

Mais peut-être Giovanna elle-même... La voici...

SCÈNE IX

OCTAVE, GIOVANNA, AMÉLIE.

GIOVANNA, entrant rapidement.

Monsieur Octave... (Apercevant le duc et Amélie.) Ah! des
étrangers.

AMÉLIE, bas à Octave.

Vous ne l'avez pas trop vantée... Elle est charmante.

OCTAVE.

Approche, Giovanna... Tu as dû le comprendre... Il est
bien difficile que nous restions ensemble...

GIOVANNA.

Que voulez-vous dire ?

OCTAVE.

Ma vie n'est qu'une traversée... et une traversée bien tour-
mentée; il s'offre pour toi un refuge... Une noble et grande
dame, son mari, consentent à te recueillir auprès d'eux...

GIOVANNA, d'une voix étouffée.

Ah !...

AMÉLIE.

Votre ami, votre protecteur pourra toujours s'intéresser à
vous et vous retrouver chez nous...

GIOVANNA.

Comme il le voudra... Madame.

OCTAVE.

Eh bien... consens-tu ?

GIOVANNA.

Puisque vous l'avez décidé. (Après un silence.) Je venais vous
dire que M. Berlandier vous demande dans l'hôtellerie...

OCTAVE.

Je te suis... Il s'agit sans doute de ne pas vous faire trop
attendre un déjeuner d'artiste... Vous me pardonnez, monsieur le duc !

(Il sort avec Giovanna.)

SCÈNE X

LE DUC, AMÉLIE.

LE DUC.

Je crois que l'action que nous voulons faire est meilleure
encore que je ne pensais.

AMÉLIE.

Que voulez-vous dire ?...

LE DUC.

J'ai suivi attentivement des yeux sur le visage de cette enfant l'effet de la nouvelle qu'on vient de lui annoncer.

AMÉLIE.

Eh bien...

LE DUC.

Ses traits se sont décomposés... Elle aime son protecteur...

AMÉLIE.

Vous croyez.

LE DUC.

On ne pourrait assez se hâter de sauver la pauvre fille d'elle-même...

AMÉLIE, avec vivacité.

Et ce doit être là notre but, l'œuvre qu'il faut accomplir à tout prix... et sans délai. M. Baudouin a remis la destinée de Giovanna dans nos mains, mais il peut nous la reprendre et entre cette jeune fille et sa perte... il n'y aurait qu'un seul obstacle sérieux, infranchissable...

LE DUC.

Un mariage, nous y penserons... mais puisque nous nous sommes engagés à veiller sur son sort... il faudrait donc un mari qui la laissât auprès de nous et vu la condition de Giovanna, un homme assez au-dessus des préjugés humains pour qu'une petite dot lui donnât une grande philosophie.

SCÈNE XI

AMÉLIE, LE DUC, CAPUTI.

CAPUTI, au duc en lui donnant des lettres.

Voici votre courrier, Excellence, il vient d'arriver à l'instant.

LE DUC.

Eh bien, je vais le parcourir sous cet ombrage...

(Il se dirige vers le fond, s'assoit sous l'arbre, ouvre ses lettres, ses
journaux.)

AMÉLIE, à part.

Caputi, oui, peut-être.

SCÈNE XII

CAPUTI, BERLANDIER, LE DUC au fond, et LA DUCHESSE
qui a remonté au fond près de lui, et jette avec lui un coup d'œil sur les
journaux et les lettres pour Octave.

BERLANDIER.

Tout est prêt. Sainte-Luce donne un dernier coup d'œil et
Octave me suit...

CAPUTI, à Berlandier.

Ah! seigneur Français, je n'ai plus une goutte de sang
dans les veines... Est-ce que votre illustrissime compagnon
va habiter ce pays?

BERLANDIER.

Non... il me dit à l'instant que nous partons demain.

CAPUTI.

Demain... je renais... je revis... je rentre dans le paradis...

BERLANDIER.

Eh bien! quel rapport le départ de mon ami...

(Octave paraît au même moment, la duchesse, au fond, lit avec une fié-
vreuse attention une lettre.)

CAPUTI.

Ah! Excellence! s'il n'était parti, c'en était fait de ma
place de sigisbée... Votre ami... j'en suis sûr, je l'ai vu... votre
ami est aimé de la duchesse.

OCTAVE, qui a paru et entendu.

Aimé... je suis aimé...

BERLANDIER.

Amoureux... et aimé... enchaîné deux fois...

AMÉLIE, qui s'est levée au fond, une lettre à la main, arrivant rapidement sur le devant du théâtre, à Octave.

Monsieur Baudouin... Octave... Ah !...

(Elle tend une lettre à Octave.)

OCTAVE, prenant la lettre.

Qu'y a-t-il ?...

AMÉLIE, avec une vive émotion.

Ce tableau que vous croyiez perdu, c'est le succès du Salon !... il a fixé tous les yeux, rallié les critiques, désarmé l'envie et sur cette toile sublime, la croix est tombée d'elle-même ! cette gloire que j'avais prédite, elle dépasse encore mon attente... Oh ! malgré moi des larmes, des larmes de joie... tenez, lisez vous-même, car moi les larmes m'étouffent, je ne peux pas... je ne peux pas parler...

OCTAVE.

Amélie ?

BERLANDIER.

Un succès officiel... de la gloire au *Moniteur*... diable! (A Octave.) Tu es bien heureux au jeu...

LE DUC.

Permettez-moi de me féliciter, monsieur Baudouin, qu'en profitant ici de l'hospitalité que la duchesse de Sora Réale a acceptée en mon nom, j'aie pu hâter pour vous une nouvelle qui garantit à la fois, à votre pays et au mien, un chef-d'œuvre de plus.

SAINTE-LUCE, paraissant, une serviette sous le bras.

Et moi aussi... j'ai fait mon tableau... un déjeuner... on est servi...

AMÉLIE, à Hubert.

Et maintenant, mon ami, que nulle inquiétude ne vous éloigne plus de Naples...

OCTAVE, à part.

Glorieux et aimé. (A Amélie.) Je reste...

CAPUTI.

Il reste...

SAINTE-LUCE, à Caputi.

Eh bien, monsieur Caputi,... mes affaires; vont-elles assez bien? qu'en dites-vous?

CAPUTI.

Je dis, Excellence, que nous sommes tous deux bien malades.

(Il prend la main d'Amélie, les autres personnages suivent. — Rideau.)

ACTE TROISIÈME

SCÈNE PREMIÈRE

GIOVANNA, en robe de ville, rêveuse, tient dans les mains un petit ouvrage de tapisserie sans travailler ; AMÉLIE entre derrière elle ; Giovanna se met à travailler.

AMÉLIE.

Votre éducation en tapisserie fait peu de progrès, Giovanna, faute de vocation... laissez là cet ouvrage.

GIOVANNA.

J'obéis, madame la duchesse...

AMÉLIE.

Je ne sais pas trop au reste ce qui pourrait attacher votre esprit... tant vous semblez étrangère à tout ce qui se passe depuis quinze jours que vous êtes avec nous ; j'ai quelques instants à moi, tenez, approchez-vous, et causons un peu ; il faut songer à votre avenir, je n'ai pas voulu, vous avez pu le voir... offenser votre amour-propre en réclamant même vos soins auprès de ma personne ; faire de vous pour monsieur le duc, et pour moi une fille adoptive, dans cette hautaine société où nous vivons... ce ne serait guère acceptable.

GIOVANNA.

Je ne vous l'ai pas demandé, madame.

AMÉLIE.

D'ailleurs, la première condition de la famille, surtout la famille d'adoption, c'est la tendresse ; je douterais qu'elle fût réciproque de votre part... Oh! je ne vous fais pas de reproche... Mais enfin, plus j'y songe, et plus il me semble que le meilleur, le seul moyen peut-être d'occuper votre cœur serait un intérieur, une famille à vous... le mariage enfin. M. de Sora Réale s'en est occupé, et c'est sa décision que je vous apporte.

GIOVANNA.

Ah!... et vous avez fait un choix pour moi, madame.

AMÉLIE.

Nous y avons pensé, un homme jeune encore, bien qu'il paraisse plus que son âge ; monsieur le duc vous assurerait à tous deux une modeste aisance... mais il vous faut bien vous le persuader, ma pauvre enfant, vous n'avez pas le droit d'être difficile.

GIOVANNA.

M. Octave connaît-il ce projet, madame la duchesse?...

AMÉLIE.

Je ne lui en ai pas encore parlé, mais votre ami s'en fie entièrement à moi du soin de votre sort.

GIOVANNA.

Entièrement.

AMÉLIE.

Entièrement.

GIOVANNA.

Alors, comme vous le voudrez.

AMÉLIE.

Mais quoi! accepter sans connaître même votre mari?

GIOVANNA.

Oh! qu'importe?...

SCÈNE II

LE DUC, GIOVANNA, AMÉLIE.

LE DUC.

Ah! vous êtes habillée, duchesse, très-bien... j'avais à vous proposer... bonjour, Giovanna.

AMÉLIE.

Voici bien, monsieur le duc, l'enfant la plus obstinément soumise... Mais, qu'avez-vous à me dire?... (à Giovanna) laissez-nous. (Giovanna sort.)

LE DUC.

M. de Sainte-Luce, que j'avais engagé il y a quelques jours à passer la soirée avec nous à San Carlo et qui n'avait pas répondu, me fait dire qu'il accepte pour ce soir, il va venir nous chercher. Nous accompagnerez-vous?

AMÉLIE.

M. de Sainte-Luce... voilà six jours que nous ne l'avons vu..., et je m'étais résignée à l'idée de le croire parti... Si vous le permettez, mon ami, je vous laisserai seul servir de cicérone au baron.

LE DUC.

Ah! vous n'êtes généreuse, Amélie, ni pour M. de Sainte-Luce, ni pour moi.

AMÉLIE.

Comment?

LE DUC.

Certainement... nous sommes entourés, assiégés tous les deux, ma chère Amélie ; moi, j'ai une grande fortune... Tout ce qu'il y a de pauvres ou d'aigrefins, de misères criardes ou de médiocrités intrigantes, s'abat sur mon coffre-fort... vous, vous avez un autre genre de richesse, et vous avez affaire à un autre genre d'importuns.

AMÉLIE.

Vous croyez...

LE DUC, avec émotion.

Il est réel que lorsqu'on vous considère, vous, dans tout l'éclat de la beauté, ils devraient avoir un peu moins de présomption... mais, d'autre part, quand ils reportent leurs yeux sur moi, ils peuvent reprendre courage... Oh ! je ne m'effraie pas pourtant de ces mendiants-là ! je sais qu'ils ont affaire en vous à une de ces honnêtetés sincères et résolues qui ne peuvent connaître qu'une flétrissure... le soupçon.

AMÉLIE.

Monsieur le duc !

LE DUC, avec une gaieté douce.

Mais enfin, ma chère enfant, être vertueuse, ne dispense pas d'être équitable et compatissante... Je ne vous envoie pas les misères plus ou moins intéressantes, les chevaliers d'industrie qui encombrent mes antichambres, et je ne vois pas pourquoi vous me laissez sur les bras vos soupirants malheureux. Ce n'est pas pour moi que vient M. de Sainte-Luce, ce ne doit donc pas être à moi seul de le subir... Que diable, duchesse,... chacun ses pauvres...

AMÉLIE.

C'est vrai, vous me faites honte, il est réel que je vous laisse toutes les corvées.

LE DUC, à part.

Pauvre jeune femme ! pourrai-je jamais m'absoudre de l'avoir faite si riche et si seule !

AMÉLIE.

A quoi pensez-vous donc, monsieur le duc?

LE DUC.

Oh! à rien... mais j'avais à vous parler encore! Depuis quinze jours que votre illustre compatriote, M. Baudouin, vient ici tous les soirs, vous n'avez pas dit un mot, et je vous en approuve, qui puisse lui faire soupçonner que là, derrière les portes de cet oratoire, est caché le premier grand tableau exposé par lui il y a six ans...

AMÉLIE.

Le caractère de M. Baudouin, monsieur le duc, a de telles exagérations de susceptibilité...

LE DUC.

Sans doute... Mais M. Baudouin l'illustre est-il encore notre obligé? Cette toile de peu de valeur au moment où vous eûtes l'heureuse inspiration de me la faire acheter, dépasserait à coup sûr aujourd'hui le prix que j'y ai mis... Son auteur ne serait-il pas plus heureux de retrouver cette œuvre de ses débuts?... mais au reste, Amélie, je vous laisse en ceci comme toujours maîtresse absolue d'agir; vous le voudrez. Ah! monsieur de Sainte-Luce.

SCÈNE III

SAINTE-LUCE, la main enveloppée. LE DUC, AMÉLIE.

LE DUC.

Qu'êtes-vous donc devenu, cher monsieur de Sainte-Luce... voilà une semaine que vous n'avez pris le thé avec nous.

SAINTE-LUCE.

Ne vous inquiétez pas, monsieur le duc, j'en ai absorbé à l'hôtel une telle quantité...

LE DUC.

Par quelle aventure?

SAINTE-LUCE.

Voilà, il y a deux jours, je m'étais embarqué pour Capri,
par une mer magnifique... mais il n'y a, comme on dit, pire
eau que l'eau qui dort... et au retour une tempête...

LE DUC.

Mauvaise traversée.

SAINTE-LUCE, bas au duc.

Ah! mauvaise digestion surtout... (haut) avec cela que la
veille, importuné de ce mince filet de fumée qui sort du Vésuve
à jet continu... je finissais par me croire en face d'une usine
et ne voyant pas la montagne venir à moi.

AMÉLIE.

Vous êtes allé à la montagne?

SAINTE-LUCE.

J'ai gravi jusqu'aux bords du cratère... quel sublime spec-
tacle!... Je me suis brûlé un peu les pieds et beaucoup la main...
j'ai été bien malade... me voilà un peu estropié, il ne me
manque plus... qu'une aventure de bandits... je l'ai trouvée...
Oh! ma trilogie est complète; hier, je me dirigeais en voiture
vers Pompéi lorsque tout à coup, sur la plus belle route des
environs de Naples, la plus fréquentée, en plein soleil,... un
douzaine d'hommes armés et de mauvaise mine me ferment
le passage et la retraite. A ce moment un individu se déta-
che du groupe et vient poliment, la tête découverte, à la portière
de la voiture; c'était le Barbone, son fusil à la main, mais pas
le moindre pittoresque dans le costume; je l'aurais pris pour
un notaire de campagne qui va à la chasse.

LE DUC.

Vous avez du être bien indigné de ce laisser-aller.

AMÉLIE.

Et après?

SAINTE-LUCE.

J'ai voulu sauter sur une arme, j'étais manchot! il fallait donc accepter la défaite ; mais le Barbone s'empresse de me dire qu'il savait, à un louis près, ce que je pouvais avoir sur moi, mon hôtelier était membre correspondant de l'association ; or ça ne faisait pas 200 francs ; vous comprenez, ajoute le Barbone, j'ai des charges ; la troupe est chère et je ne peux pas faire des saisons dans ce prix-là... mais en même temps il ajoute qu'en véritable Italien, il a toujours les plus grands égards pour les étrangers qui viennent visiter sa belle patrie, qu'il aime beaucoup les Français, qu'à cette considération me sachant solvable, un bon de 50 mille francs sur mon banquier lui suffit, et il me faisait entrevoir la liberté sur le carré de papier qu'il me tendait.

LE DUC.

Et vous l'avez rempli ?

SAINTE-LUCE.

De la main gauche. Trois heures après je reprenais le chemin de Naples quand on a rapporté la somme.

LE DUC.

Rassurez-vous, l'honneur est sauf, il n'y a de perdu que les 50,000 fr. De la main gauche on écrit, on ne signe pas.

SAINTE-LUCE.

Mais hâtons-nous, madame la duchesse, on commence à San Carlo par le ballet. Si nous tardions nous n'entendrions plus que l'opéra : Lucia di Lammermoor, une tragédie en musique. — Tiens, à propos de tragédie, une lettre que je reçois de Venise m'apprend un bien fâcheux accident.

AMÉLIE.

Quoi donc ?

SAINTE-LUCE.

Ce Léopold Robert, qui était comme Octave Baudouin, de ces grands peintres qui se sont inspirés surtout de l'Italie...

AMÉLIE.

Eh bien ?

SAINTE-LUCE.

Eh! bien, il s'est coupé la gorge avec un rasoir.

AMÉLIE.

Ah! mon Dieu.

LE DUC.

Se peut-il?

SAINTE-LUCE.

Il parait qu'il aimait sans espoir une grande dame.

AMÉLIE.

Ah! oui, je sais.

SAINTE-LUCE.

Une vertu au-dessus de son rang....

AMÉLIE.

Au-dessus de son rang.... un homme de génie?... Il eût suffi de rappeler qu'elle était mariée.

SAINTE-LUCE.

Ces femmes vertueuses n'en font pas d'autres. M. Octave Baudouin que je viens de rencontrer tout à l'heure sur la plage, devant votre villa, a été vivement ému de la nouvelle... Duchesse, si vous êtes prête, veuillez me permettre de vous offrir la main... la main gauche, mais que voulez-vous, un invalide de la curiosité?...

AMÉLIE.

Ah! très-joli. (Bas au duc.) Décidément il y a des plaisirs qu'il faut savoir subir à deux, je vais partir.

LE DUC.

Non, cette preuve de courage et cette offre de dévouement me suffisent; restez, Amélie, des amis viennent le soir, vous le savez; d'ailleurs, voici Caputi qui vous cherche, vous avez une petite affaire à régler avec lui. (A Sainte-Luce.) La duchesse ne peut vous accompagner, monsieur de Sainte-Luce, mais je suis à vous.

SAINTE-LUCE.

Comment donc, monsieur le duc, trop heureux... (Bas à Amélie.) Ah! c'est une trahison, duchesse... Tenez, voulez-vous que je vous dise ma pensée... Eh bien, vous me craignez.

4

AMÉLIE.

Eh bien, monsieur de Sainte-Luce, je ne voulais pas vous le dire, mais vous m'avez devinée.

LE DUC.

Au revoir, Amélie, chère enfant.

(Sainte-Luce et le duc sortent, Caputi entre.)

SCÈNE IV

AMÉLIE, CAPUTI.

CAPUTI.

Je me rends aux ordres de votre très-gracieuse excellence, madame la duchesse.

AMÉLIE.

Monsieur Caputi, on vous trouve un peu jeune, encore compromettant...

CAPUTI.

Hein?

AMÉLIE.

Rassurez-vous, d'un mot vous pourriez cesser de l'être.

CAPUTI.

Ce mot, madame la duchesse, je le dis d'avance.

AMÉLIE.

Il faut y regarder à deux fois, cependant, il s'agit d'un oui sur lequel il n'y a plus à revenir. Oh! rassurez-vous encore, c'est pour votre bonheur... mais du bonheur à perpétuité.

CAPUTI.

Enfin, madame la duchesse, il s'agit pour moi?

AMÉLIE.

D'un mariage.

CAPUTI, avec effroi.

D'un mariage...?

AMÉLIE.

Ce mot vous effraie.

CAPUTI.

Un peu, vous me pardonnerez, madame la duchesse.

AMÉLIE.

Peut-être aurez-vous moins d'effroi quand vous saurez qu'il s'agit de la charmante Giovanna...

CAPUTI.

· Giovanna... bon Dieu.

AMÉLIE.

M. le duc lui donne six mille ducats de dot... vous voyez une beauté complète.

CAPUTI, à part.

Six mille ducats, la rente serait plus que mangée par le ménage. (Haut.) Mais Giovanna refusera.

AMÉLIE.

Giovanna accepte.

CAPUTI.

Elle accepte...

AMÉLIE.

Enfin, monsieur Caputi, votre réponse.

CAPUTI, à part.

Un joug dangereux, un exil mal payé, ma bonne situation perdue,... allons, le tout pour le tout. (Haut.) Tenez, madame la duchesse, daignerez-vous m'autoriser à la hardiesse insigne de vous parler en toute franchise.

AMÉLIE.

Parlez, monsieur Caputi.

CAPUTI.

Madame la duchesse, on ne laisse plus entrer seulement dans votre salon M. de Sainte-Luce et autres lourds papillons du soir qui vous fatiguent sans conséquence de leur bourdonnement parasite... Non! l'on y signale une hôte plus dangereux, une célébrité plus compromettante.

AMÉLIE.

On oserait calomnier ici la présence de M. Octave, d'une gloire...

CAPUTI.

Qui n'exclut pas les faiblesses... Ces grands hommes sont si fragiles... que madame la duchesse daigne me croire... en paraissant se débarrasser d'un surveillant incommode, elle pourrait n'être pas moins funeste à sa réputation, à son repos qu'au mien.

AMÉLIE.

Je rends grâce à l'abnégation dont vous faites preuve auprès de nous, je reconnais tout ce que ma réputation doit à votre présence ; mais enfin, je vous l'ai dit, notre hospitalité pour vous est au prix de ce mariage.

CAPUTI, à part.

Au prix de ce mariage?... Allons, il faut faire jouer un ressort plus puissant, madame la duchesse.

AMÉLIE.

Eh bien !

CAPUTI.

Si je n'ai pas encore de titre suffisant à la reconnaissance de madame la duchesse, je puis lui rendre un dernier service, et plus important que celui qu'elle me demande.

AMÉLIE.

Un service... moi?... je vous demande un service, monsieur Caputi?... mais parlez, qu'avez-vous à dire?...

CAPUTI.

Une révélation importante... Dans le mariage de madame la duchesse, contracté à l'étranger, il a manqué une formalité qui pourrait en entraîner l'annulation...

AMÉLIE.

Et cette formalité?

CAPUTI.

Monsieur le duc connaît cet oubli, car je lui en ai parlé il y a quelques jours...

AMÉLIE.

Et vous croyez que si M. le duc de Sora Réale savait
que je n'ai plus le droit le porter l'illustre nom qu'il m'a
donné, il ne presserait pas une réparation qui, seule, pourrait
me permettre de rester un moment de plus à son foyer?
Monsieur Caputi, votre résistance à mes vœux vous a entraîné
tout à l'heure jusqu'à l'insolence et je l'ai supporté, mais ce
n'était pas une raison pour vous enhardir jusqu'à la calomnie.

CAPUTI.

Madame la duchesse...

AMÉLIE.

Si un calomniateur, quel qu'il fût, osait porter atteinte à ma
réputation devant mon mari, sa seule réponse serait le mépris. Eh bien! quand vous osez venir devant moi, pour vous
rendre nécessaire, jeter un doute sur la loyauté d'un Sora
Réale, je n'ai qu'un mot à vous répondre : M. Caputi, sortez....

CAPUTI.

Madame la duchesse.

AMÉLIE.

Sortez !...   (Caputi sort.)

SCÈNE V

AMÉLIE, seule.

C'est un mensonge, un mensonge grossier, mais tout ce
qu'il m'a dit, n'est peut-être pas inventé. Ainsi l'honneur de
l'homme à qui je dois tant paraîtrait en péril... Mais s'il en
est ainsi pourtant, si j'ai pu mériter les soupçons du monde,
comment ne m'en suis-je pas aperçue, mon Dieu; maintenant
que je m'interroge, ce mariage que je veux accomplir à tout
prix... que je presse si étrangement, cette jeune fille qui aime
Octave, cette jeune fille, quand je l'impose à cet homme
égoïste, voyons, est-ce que je n'obéis pas à un instinct secret
de jalousie?... Oh! tout s'éclaire pour moi, à présent... ce ne
sont pas les soupçons du monde qui exigent que je me sépare
d'Octave, c'est ma conscience; Octave voulait retourner en

4.

France. Eh bien ! qu'il parte... Oh ! à cette pensée mon cœur se brise et jamais je ne pourrai le lui dire. Eh bien ! si je ne le lui dis pas, j'aurai du moins la force de le lui écrire... C'est cela... une lettre sèche, inexorable : il le faut pour lui et pour moi. (Elle sonne, elle se met à écrire, un domestique paraît.) Cette lettre à l'instant à M. Octave Baudouin...

LE DOMESTIQUE.

J'allais entrer pour dire à madame qu'il est là et qu'il demande à être reçu.

AMÉLIE.

Ah ! si je le vois, je n'aurai pas le courage d'une séparation. Dites que je suis souffrante, que je ne puis recevoir, et donnez... donnez cette lettre à M. Octave Baudouin.

(Elle sort rapidement.)

SCÈNE VI

OCTAVE, LE DOMESTIQUE.

OCTAVE, à part.

Enfin, Sainte-Luce est parti.

LE DOMESTIQUE.

Madame regrette de ne pas recevoir monsieur, mais au moment où je suis venu annoncer monsieur, madame me chargeait de lui porter cette lettre.

OCTAVE.

Une lettre?... Mme la duchesse ?...

LE DOMESTIQUE.

Est souffrante...

OCTAVE, à part.

On l'a peut-être reçu, lui, car il est resté longtemps ; c'est bien, donnez. (Le domestique sort.) Cette lettre... Mon Dieu ! pourquoi ne me reçoit-elle pas ? ce frêle papier semble déjà

communiquer à mes veines le froid de la mort... Allons, ou-
vrons... (il lit.) « Octave, il faut nous séparer ! votre présence
est un danger pour ma réputation, si vous êtes homme
d'honneur, je n'ai pas à vous en dire davantage. » Ah ! j'ai
mal lu; cet arrêt implacable écrit d'une main impas-
sible... cette cruauté de l'indifférence; de l'indifférence, oui...
oui... pour moi... mais je gênais, sans doute, auprès d'elle
quelqu'un, on aura demandé... obtenu.

(Il tombe anéanti sur un fauteuil, Giovanna paraît.)

SCÈNE VII

OCTAVE, GIOVANNA.

GIOVANNA.

Monsieur Octave, on dit que vous étiez ici, j'avais à vous
parler.

OCTAVE.

Parlez.

GIOVANNA.

Vous m'avez gardée cinq ans, puis un jour, vous avez eu
assez de moi, puis vous m'avez abandonnée sur la voie pu-
blique où des gens riches, des grands seigneurs m'ont ra-
massée... Oh! ils ont soin de moi, c'est vrai... ils songent à
mon avenir, ils me marient.

OCTAVE.

On te marie.

GIOVANNA.

Oui, j'avais consenti.

OCTAVE.

Tu aimes donc celui qu'on te donne.

GIOVANNA.

Je ne sais même pas son nom.

OCTAVE.

Et tu l'avais accepté... ah! avec une dot peut-être? est-ce
que toi... aussi tu n'as donc pas de cœur?

GIOVANNA.

C'est vrai, monsieur Octave, on n'a plus de cœur du jour
où l'on vous l'a brisé.

OCTAVE.

Giovanna!

GIOVANNA.

Quand ma mère s'est éteinte dans les souffrances, sur le
grabat de la prison... est-ce que je vous avais demandé,
moi, de m'accoutumer à ne plus avoir d'autre affection, d'autre protection, d'autre pensée au monde que vous? Pourquoi
m'avez-vous prise?

OCTAVE.

Mais ta mère te laissait orpheline.

GIOVANNA.

Mais vous, vous, est-ce que vous ne me faites pas plus orpheline aujourd'hui?

OCTAVE.

Giovanna... Ah! je comprends, on me l'avait dit... je ne
voyais rien, moi... mais pour répondre dignement à ton dévouement, à ton amour...peut-être! il faudrait te donner plus
que mon cœur... il te faudrait mon nom... et notre nom, ce
monde où nous vivons ne nous permet pas de l'engager qu'en
respectant des exigences implacables... On ne peut pas obéir
à son cœur, à sa conscience, Giovanna, sans que l'orgueil
humain signe au contrat.

GIOVANNA.

Et qu'est-ce qui vous demande votre nom?

OCTAVE.

Que dis-tu? Tu braverais pour moi jusqu'à la honte! tu
sacrifierais jusqu'à l'honneur... mais sans lien qui t'assure de
moi, sans garantie pour l'avenir, que deviendras-tu, pauvre
fille... s'il fallait subir les humiliations, les angoisses du doute
— qui sait... peut-être un jour l'abandon? Nous sommes si
ingrats, nous... mais tu en mourrais.

GIOVANNA.

Eh bien, soit, j'en mourrais; mais j'aurais vécu !

OCTAVE.

Giovanna, voilà donc le cœur que je méprisais et pour qui...

GIOVANNA.

Que dites-vous?

OCTAVE.

Mais regarde-moi donc, que je contemple ta beauté épanouie en plein soleil... que je contemple l'âme fière, ardente, libre, qui se peint dans ton regard... et quand tu m'aimes, quand je puis t'aimer, je laisserais compter encore pour quelque chose, dans ma vie, ces affections de serre chaude, ces cœurs dont il semblerait qu'un corset de soie éteint les battements, ces insensibilités décorées du nom de vertu, ces consciences qui nous écrasent sous leur égoïsme en vous humiliant sous leurs devoirs... Non, non, Giovanna, sache-le bien, je brise mon joug... J'échappe à mes souffrances... J'étais malade et je suis guéri, je sors de ma nuit... mes yeux s'ouvrent, mon âme respire... mon cœur se dilate... Giovanna, tu es l'ange qui dissipe mes ténèbres... qui rouvre ma vie... Cette vie, elle est à toi, à toi ma main... à toi mon nom... si tu le veux, Giovanna, je t'aime, je suis sauvé.

GIOVANNA.

Ah! il m'aime... il m'aime.

OCTAVE.

Mais je suis chez elle encore. Laisse-moi fuir.

GIOVANNA.

Je vous suis.

OCTAVE.

Me suivre... non... demain je t'attends, Giovanna. Mais toi, tu ne peux pas quitter ainsi la duchesse... ne dois-tu pas la prévenir, la remercier?

GIOVANNA.

Mais quand je pourrai ne pas vous quitter un moment.

OCTAVE.

Reste, Giovanna... reste... mais à demain!... Reste, je le
veux, je t'en prie.

GIOVANNA.

Oh! commandez, exigez! J'ai entendu, de votre bouche,
ces deux mots : Je t'aime; quoi qu'il arrive, vous ne pourrez
jamais me faire autant de mal que vous m'avez donné de
bonheur.

(Tombant à genoux, elle baise les mains d'Octave, qui sort.)

SCÈNE VIII

GIOVANNA, LA DUCHESSE.

GIOVANNA.

Aimée, aimée de lui, il me l'a dit! Est-ce que je l'ai bien
entendu, est-ce que je suis bien vivante, moi qui ai tant souffert... souffert par elle...

LA DUCHESSE, entrant.

Enfin, il est parti.

GIOVANNA.

Oh! je veux vivre, vivre pour lui, pour le bonheur.

LA DUCHESSE.

Comme elle est émue! Qu'avez-vous, Giovanna ?

GIOVANNA.

J'allais vous demander, madame. Je voulais vous remercier
de l'hospitalité que vous avez daigné m'offrir, et vous annoncer que cette nuit est la dernière que je passe dans votre
maison.

AMÉLIE.

La dernière!

GIOVANNA.

Je retourne demain chez mon protecteur, M. Baudouin.

AMÉLIE.

M. Baudouin... y pensez-vous?... mais ce serait là retrouver tous les dangers auxquels votre protecteur lui-même aurait voulu soustraire votre réputation en vous confiant à moi.

GIOVANNA.

Ma réputation, ah! vous oubliez, madame la duchesse, qui je suis, une réputation à moi, une réputation à Giovanna... C'est un luxe qu'ici même je n'aurais pu aspirer à me donner.

AMÉLIE.

C'est vous, pourtant, vous seule que je défends et au nom de l'autorité que M. Octave a bien voulu me déléguer sur vous, je m'oppose...

GIOVANNA.

Vous vous opposez? Ah! prenez garde, madame la duchesse, je pourrais finir par croire qu'il y a autre chose dans cette insistance qu'une sollicitude désintéressée.

AMÉLIE.

Giovanna... oubliez-vous ce que vous me devez?

GIOVANNA.

Non, madame; mais je lui dois encore plus à lui.

LA DUCHESSE.

Et c'est lui... lui qui vous rappelle ?

GIOVANNA.

Lui.

AMÉLIE.

Mais il est insensé.

GIOVANNA.

Insensé? Oh! je ne crois pas, madame... car, à l'instant même, il me disait: j'étais malade, je suis guéri.

AMÉLIE.

N'importe ; M. le duc, au besoin, verra M. Baudouin, lui fera comprendre ce qu'il doit à votre jeunesse, à quels périls, à quelle honte inévitable vous allez vous livrer.

GIOVANNA.

Des hontes, des périls, il n'en est plus pour moi !

AMÉLIE.

Il n'en est plus ?

GIOVANNA, avec feu.

Il m'aime !

(Elle sort.)

SCÈNE IX

AMÉLIE, seule.

Il l'aime... Eh bien? ne lui en ai-je pas donné le droit... Oh! cette Giovanna... Après tout... n'est-il pas libre de son choix? Et puisque je ne dois plus le revoir. Oh! la voilà la souffrance... le voilà le sacrifice... Mon Dieu, quand j'ai cru tout immoler à mon père, c'était à Octave que je me sacrifiais, même en me séparant de lui. Mais je suis odieuse... mais je suis coupable, je l'ai... oh! pourquoi l'ai-je revu? Mon Dieu, sauvez-moi du danger, ne me rendez pas parjure... ayez pitié! ayez pitié... Je suis brisée... anéantie... je souffre, mon Dieu. Je souffre! (Elle pleure.) Allons prier, j'ai tant besoin de courage. Du bruit dans cette galerie. (Octave paraît.) Octave...

SCÈNE X

AMÉLIE, OCTAVE.

OCTAVE.

Oui, Octave qui se débat en vain contre son amour, Octave, qui ne peut pas vous échapper, mais à qui, vous non plus, vous n'échapperez pas.

AMÉLIE.

Vous, chez moi, la nuit, comme un voleur, vous qui êtes
guéri, vous qui aimez Giovanna... elle me l'a dit.

OCTAVE.

Guéri ?... guéri ?... moi ?... Mais tous les serpents de l'enfer me mordent le cœur ; guéri ? Ah ! je croyais avoir souffert,
et je ne me doutais pas de ce que c'était que la douleur, je me
résignais presque à vous savoir au pouvoir d'un vieillard que
vous ne pouvez aimer ; mais que vous accordiez à un autre
cet amour que vous me refusez ! Je le tuerai celui-là... oui...
ah ! tenez, c'est du fiel qui me fermente dans le cœur, c'est de la
lave qui me court dans les veines, c'est de l'écume qui me déborde des lèvres... tenez... voilà comme je suis guéri !

AMÉLIE.

Quel est donc celui que vous m'accusez de vous préférer ?

OCTAVE.

Oh ! que m'importe, après tout, si je vous perds. Écoutez-
moi, Amélie : j'ai cherché partout, dans l'absence, dans le
travail, dans les jouissances de la gloire, dans ma reconnaissance des affections les plus dévouées, la guérison de ma passion insensée, et je n'ai pas même pu trouver un moment
d'oubli... je veux dire que je suis las de souffrir seul ; je veux
dire que si votre cœur est resté insensible et ingrat, vous su-
birez au moins cet amour qui n'a pas su se faire partager.

AMÉLIE.

Octave, ah ! si dans votre délire vous oubliez quel nom je
porte ?

OCTAVE.

Quel nom. Ah ! oui ; vous avez bien fait de rappeler ce nom
pour ajouter à la passion qui m'égare, l'attrait légitime d'une
vengeance... oui, de la vengeance contre cet homme, cet
heureux de la terre qui avait tout au monde et qui vous a prise
à moi, qui n'avais que vous ; cet homme qui a tenté votre jeunesse par l'appât de l'or, qui vous a flétrie de cette corruption
légale qu'on appelle un mariage d'argent !

AMÉLIE.

En me comblant d'honneur et d'estime, moi et ma famille devenue la sienne... en faisant peut-être encore de sa richesse un plus noble usage.

OCTAVE.

Un plus noble usage? allons donc! Mensonge... hypocrisie! et puis, que me fait cela à moi? c'est vous que je veux, c'est vous que j'aurai, Amélie.

AMÉLIE.

Ne m'approchez pas... j'appelle!

OCTAVE.

Vous n'appellerez point, car vous savez bien que vous m'appartenez... Vous savez bien que c'est à moi que vous vous êtes volée, et que j'ai le droit de vous reprendre.

AMÉLIE.

Octave! oh! je ne serai pas à vous vivante.

OCTAVE, à genoux.

Amélie! ah! par grâce, par pitié, au nom de tant d'amour et de douleur, et dussé-je mourir après, pour expier mon bonheur!

AMÉLIE.

Octave... non, non... laissez-moi! je le veux...

OCTAVE.

Partir?... partir pour aller traîner loin de vous mes souffrances... non... non... si je suis malheureux... je ne veux plus l'être seul.

AMÉLIE.

Octave... oh! la voix me manque!... ma force s'épuise...

OCTAVE.

Vous voyez que vous ne pouvez m'échapper.

AMÉLIE, frappée d'une idée subite, elle court au fond et ouvre la porte de l'Oratoire qui laisse voir le tableau éclairé.

Ah!... regardez.

OCTAVE.

Ah ! mon tableau ! quoi ! c'était le duc... ah ! j'étais criminel. Ah ! oui, j'étais fou... j'étais criminel, il ne me reste
plus qu'une expiation... la fuite.

AMÉLIE.

Et je ne sais si elle vous est encore permise. Tenez, on
marche dans cette galerie.

OCTAVE.

Eh bien, de ce côté ?

AMÉLIE.

L'entrée extérieure... encore mieux gardée. (Ecoutant.) Entendez-vous... on arrive par là... Le duc, il ne m'aura pas
trouvée dans mon appartement, il vient me chercher jusqu'ici.

OCTAVE.

Alors perdu. Ah! une issue, une fenêtre... dussé-je me
briser en m'y précipitant...

AMÉLIE.

Mais, malheureux, vous n'échapperiez pas aux regards.

SCÈNE XI

AMÉLIE, OCTAVE, GIOVANNA, LE DUC , paraissant au fond.

GIOVANNA, sortant d'une porte latérale.

Octave... ici...

OCTAVE, frappé d'une idée subite.

Giovanna... Ah !

LE DUC.

Monsieur Baudouin.

OCTAVE.

Pardonnez-moi, monsieur le duc, je suis un lâche, un misérable. J'étais venu souiller l'hospitalité que vous donnez à cette jeune fille. Oh ! Giovanna ne m'attendait pas, je vous le jure, mais je n'avais pas le courage de renoncer à elle.

AMÉLIE.

Ah !

GIOVANNA.

Lui ici pour moi... quand il m'attend demain ?

LE DUC.

Vous... monsieur... vous ?... à cette heure.

OCTAVE.

Après ce scandale, je le comprends. Demain Giovanna doit quitter cette maison où moi-même je ne dois plus me montrer. Monsieur le duc... madame... adieu... A demain, Giovanna.

GIOVANNA.

A demain. (A part.) Ah ! ce n'était pas pour moi qu'il venait !

ACTE QUATRIÈME

—

SCÈNE PREMIÈRE

BERLANDIER, puis OCTAVE.

BERLANDIER.

Octave n'est rentré que fort avant dans la nuit... le père Grégorio m'a dit qu'il avait écrit à la duchesse et qu'en ce moment il repose... son état m'inquiète et, après les événements de cette nuit, je ne sais s'il parviendra à l'y arracher par un acte de résolution honnête; il faut tant de courage pour les bonnes actions... Oh! le voilà.

OCTAVE.

Ah! c'est toi !

BERLANDIER.

Tu viens de dormir...Ah! non, je vois à ta pauvre figure, que si tu as quitté ton lit, c'est que tu n'y pouvais trouver le sommeil.

OCTAVE.

Non...

BERLANDIER.

Octave... sais-tu que ton état est grave...

OCTAVE.

Oui...

BERLANDIER.

Écoute-moi, ami; si tu es devenu le plus faible des hommes... tu en es demeuré le meilleur... le plus loyal... pour un cœur comme le tien, il n'y a qu'un refuge au monde, un seul contre le découragement et le désespoir, le devoir... il s'offre à toi...

OCTAVE.

Le devoir...

BERLANDIER.

Et le plus sacré... Est-ce que cette nuit, surpris dans une folle tentative contre l'honneur de la duchesse, tu n'as pas compromis Giovanna ?

OCTAVE.

Oui... j'ai eu cette lâcheté.

BERLANDIER.

Donc je bénis le ciel qui te force à vivre... non plus d'une vie d'aspirations souffreteuses, de désillusions cruelles... mais de la vie, de l'honnêteté et du travail, des joies domestiques et des satisfactions du talent justement glorifié... Nous allons aujourd'hui même quitter Naples... j'emmène avec toi, deux compagnons sûrs et fidèles que je rattache étroitement pour toujours à ta vie : l'Art et Giovanna !

OCTAVE.

Giovanna !

BERLANDIER.

Est-ce que j'ai besoin seulement de te dire ce que tu lui dois ?...

OCTAVE.

Mais songe à ce qu'était Giovanna.

BERLANDIER.

C'était là ce qu'il fallait te dire avant que de lui prendre son seul bien, sa réputation... espérerais-tu par hasard te justifier en me prouvant que tu as volé un pauvre ?

OCTAVE.

Berlandier !...

BERLANDIER.

Mais rassure-toi... Ce monde dont on fait les préjugés si
intraitables n'est qu'un lâche à mille têtes ; il plie et recule
devant l'œil ferme et calme de l'honnête homme qui le regarde du haut d'un devoir accompli... il n'a plus que de
l'envie devant le bonheur... et le bonheur est là auprès de
toi... oui... oui, je veux attacher à toi... la jeunesse implacable de Giovanna et de ses quinze ans affamés de tendresse...
son amour, sa beauté que tu verras se reproduire autour de
toi dans les enfants qu'elle te donnera... et moi... un pauvre
estropié de l'intelligence, un disgracié de l'art... moi un
atome qui ne laisserai pas plus de souvenirs en ce monde
que je n'y tiens de place... eh bien, j'aurai conservé à l'art
une de ses gloires, j'aurai arraché une noble victime à ce
démon terrible... le démon de l'amour qui se contente de
dégrader les natures sensuelles à flammes éphémères,
mais qui immole parfois ces âmes sublimes et ardentes dont
le feu grandit à ses tempêtes!

OCTAVE.

Berlandier.. oui, tu as raison, rien pas même la souffrance,
ne dispense d'être honnête homme...

BERLANDIER.

Enfin!...

SCÈNE II

GIOVANNA, OCTAVE, BERLANDIER.

BERLANDIER.

Giovanna... sois la bienvenue, mon enfant...

OCTAVE.

Giovanna... j'ai une dette envers toi... et sois tranquille...
je l'acquitterai.

BERLANDIER.

A la bonne heure donc... Voyons.. regarde-la... est-il donc difficile de l'aimer ?... je la laisse, elle plaidera mieux que moi, auprès de toi sa propre cause. (Bas à Giovanna.) Je vais tout préparer pour notre départ. Oh ! merci, ami, tu me fais bien heureux. (A Giovanna.) Ne le quitte plus, mon enfant.

(Il sort.)

SCÈNE III

GIOVANNA, OCTAVE.

OCTAVE.

Et d'abord, Giovanna... j'ai à te demander pardon...

GIOVANNA.

Pardon, et pourquoi ?...

OCTAVE.

N'es-tu pas maintenant compromise par moi... diffamée !...

GIOVANNA.

Je n'y avais pas songé.

OCTAVE.

Après l'aventure d'hier... tu vas passer pour ma maîtresse...

GIOVANNA.

Vous croyez... c'est possible...

OCTAVE.

Giovanna... j'avais déjà pensé à ton avenir... et si je disparaissais brusquement, il serait assuré...

GIOVANNA.

Assuré !... qu'est-ce que cela veut dire ?

OCTAVE.

Tu étais m on enfant d'adoption... et l'on doit pourvoir tou-
ours au sort de ses enfants... je te laisserai alors une somme
jsuffisante.

GIOVANNA.

Vous avez pensé à ces choses-là?.. A votre place, cette idée
ne me serait seulement pas venue... à moi !

OCTAVE.

Pourtant !...

GIOVANNA.

Je vous remercie... mais tant que vous vivrez... les restes
de votre table... et quand vous ne serez plus, alors, une place
à votre chevet... voilà tout ce que j'eusse demandé.

OCTAVE.

J'ai mieux à te donner... ce que je faisais pour toi hier ne
suffirait plus aujourd'hui... dans un moment de fièvre et
d'exaltation je t'avais parlé de ma main et de mon nom...
aujourd'hui c'est bien décidé... je te les offre... Eh bien... toi
qui paraissais hier si joyeuse... si reconnaissante...

GIOVANNA.

Oui... hier... avant que vous eussiez pénétré la nuit
dans l'appartement de la duchesse de Sora Réale. (Mouvement
d'Octave.) D'où sortiez-vous hier soir ?

OCTAVE.

Giovanna... je te jure... la duchesse est innocente...

GIOVANNA.

Je ne vous demande pas de la défendre ! je vous demande
si vous l'aimez plus que vous ne m'aimez !...

OCTAVE.

Giovanna !...

GIOVANNA.

Allons... voyons... parlez... mais répondez donc... vous vous taisez encore... est-ce que vous croyez par hasard que je ne souffre pas ?...

OCTAVE, avec explosion.

Ah ! moins que moi, Giovanna. . moins que moi...

GIOVANNA.

Ah ! vous l'aimez donc?

OCTAVE.

Non... je ne l'aime pas... non, je la déteste, je la maudis... mais je lutte contre un mal affreux, indéfinissable, qui me dévore... Ce bonheur que j'attends de sa présence... je ne l'ai pas plus tôt obtenu que je le hais... ces souffrances qu'elle me donne... je les adore... elles me tuent, et je ne peux, je ne veux pas m'en séparer... je deviens insensible... aveugle... tiens, tiens, Giovanna, tu es belle à ce point que ton seul reflet a rempli mes veines de génie... Eh bien ! ta beauté... je ne la vois pas. Et moi... moi, riche, comblé de gloire... moi servi, défendu par des cœurs dévoués, je suis le plus misérable des hommes... je suis fou...Ah ! laisse-moi pleurer, Giovanna... laisse saigner mon cœur dans mes larmes... Tiens, les larmes, voilà le premier bienfait que Dieu m'envoie)...

(Il éclate en sanglots, puis veut se précipiter dans les bras de Giovanna)

GIOVANNA.

Et voilà donc le cœur que vous m'offrez... et vous avez pu croire un instant que je l'accepterais.

OCTAVE.

Giovanna.

GIOVANNA.

Soyez tranquille, je vous laisse à votre douleur, à votre amour, adieu.

OCTAVE.

Que fais-tu, Giovanna ?

GIOVANNA.

Je pars, et pour toujours.

OCTAVE.

Tu pars... mais permets au moins que mes bienfaits te
suivent.

GIOVANNA.

Vos bienfaits, là où je vais, que me serviraient-ils ?

OCTAVE.

Et tu vas ?...

GIOVANNA.

Je vais là où ma mère a aimé... a vécu; là où elle est tombée toute sanglante en combattant pour ceux qui l'ai-
maient...

OCTAVE.

Malheureuse... mais je comprends... c'est l'exil, c'est la vie
du crime, c'est la justice des hommes qui t'attendrait.

GIOVANNA.

La justice des hommes, dites donc leur clémence. Qu'est-ce
que c'est qu'une balle dans le cœur, auprès de ce que vous
me faites souffrir.

OCTAVE.

Giovanna.

GIOVANNA.

Adieu!... On m'a dit que parfois, en Afrique... on croit
avoir apprivoisé quelque jeune lionne; mais quand elle a senti
le souffle du simoun, elle rompt sa laisse et retourne dans son
désert. Mais moi je fuis plus vite encore... car le désert n'est
point là-bas, il est ici... le désert n'est point où l'on cherche
en vain des hommes, il est là où manquent des cœurs...
Adieu... Octave... va... sois libre... moi je le serai bientôt.

(Elle sort.)

SCÈNE IV

OCTAVE, seul.

Seul! Ainsi, Giovanna partie, Amélie séparée de moi... Eh bien ! oublions que l'une est ingrate, et que j'ai été ingrat pour l'autre, est-ce que l'art et le travail ne me restent pas... Allons, allons, à l'œuvre, à ce tableau interrompu depuis huit jours. (Il va au chevalet.) Est-ce là mon tableau, flasque, sans couleur? Oh! l'inspiration m'a fui avec la foi au bonheur, avec l'espérance. Eh bien! voyons, refaisons ce tableau, rendons-lui la vie, l'énergie qui lui manque, allons, courage... rien... rien ; mon pinceau tremble dans ma main. Ah! c'est fini, je ne peux pas... (Il jette ses pinceaux, moment de silence.) Plus rien, plus rien au monde, pas même le travail, oh ! je me sens vaincu dans cette lutte mortelle, terrassé par cette implacable fatalité, je le sens, oui, je succombe, l'abîme est là... il m'appelle, il m'attire. Je pourrais me rejeter en arrière, mais j'y tomberai. Ah! le vertige me gagne, eh bien! moi aussi, avec cette arme horrible... (Il saisit le rasoir sur le chevalet.) Allons, c'en est fait.

(Amélie, qui a paru au fond, s'élance et pousse un cri. Octave laisse tomber l'arme.)

SCÈNE V

OCTAVE, AMÉLIE.

AMÉLIE.

Malheureux !

OCTAVE.

Amélie.

AMÉLIE.

J'avais compris votre lettre, cette lettre douloureuse, délirante, où l'on sentait à chaque ligne, les pulsations ardentes de la fièvre... Dieu merci, j'arrive à temps...

OCTAVE.

A temps... non, puisque vous ne pouvez pas me sauver...
Est-ce que, dans un instant, vos serments d'épouse, vos devoirs de grande dame que vous avez oubliés en venant jusqu'ici, ne vous rappelleront pas au palais de Sora-Réale, et
croyez-vous qu'alors il me sera plus permis de vous aimer? Ah!
j'aurais pu consentir à vivre... si mon sang eût importé à
quelqu'un... si j'avais pu croire qu'en brisant ma vie... je bri-
sais en même temps un cœur aimant...

AMÉLIE.

Mais Giovanna?

OCTAVE.

Giovanna vient de m'abandonner, je suis seul au monde...
et je l'ai mérité, car je n'ai aimé que qui ne m'a jamais aimé,
l'univers est froid et vide autour de moi... comme l est votre
cœur. Vous voyez bien qu'il faut que je meure, vous voyez
bien que vous partie, je me tuerai...

AMÉLIE.

Octave...

OCTAVE.

Oui, la mort est permise à qui ne sera pas pleuré.

AMÉLIE.

A qui ne sera pas pleuré... lui!...

OCTAVE.

Amélie!

AMÉLIE.

Ah! pardonnez-moi, mon Dieu... mais si les larmes que sa
mort fera répandre peuvent l'arrêter... du moins qu'il sache
qu'elles couleront.

OCTAVE.

Amélie!

AMÉLIE.

Ah! malgré moi, mon secret m'échappe... mais sache-le
donc... si j'ai accepté la main de l'homme que je ne pouvais
que respecter... c'était pour sauver ta gloire et ton avenir.

OCTAVE.

Amélie...

AMÉLIE.

Et en ce moment, si j'accours éperdue... tremblante... au mépris de tous mes devoirs... c'est pour défendre à tout prix ta vie contre toi-même.

OCTAVE. -

Que dites-vous ?

AMÉLIE.

Ah ! tu me crois ingrate... insensible, parce que j'ai voulu porter loyalement la chaîne que je m'avais volontairement acceptée... mais sache-le donc... Giovanna, dédaignée par toi, exilée par ta froideur... eh bien, je l'ai cent fois enviée... Elle... elle avait senti croître et battre auprès de toi son cœur, moi il m'a fallu pétrifier le mien... elle a pu laisser s'épanouir librement, pour l'amour et la souffrance, sa jeunesse, moi il m'a fallu enfouir la mienne vivante; oui, Giovanna... tu ne l'aimais pas, Octave, mais elle t'aimait, et elle pouvait te le dire à chaque instant... sans crime... sans contrainte... Ah ! oui ! elle a été cent fois plus heureuse que moi.

OCTAVE.

Amélie... Amélie... tu m'aimes.

AMÉLIE.

Mon Dieu... mon Dieu... je m'étais juré que jamais cet aveu ne sortirait de mon cœur... Ah ! maintenant je suis infâme ! adieu, je pars.

OCTAVE.

Non, pas encore.

AMÉLIE.

Mais où aller ? rentrer au palais de Sora Réale la honte sur le front ?

OCTAVE.

Eh bien, fuyons...

AMÉLIE.

Fuir ?... jamais...

OCTAVE.

Mais y songes-tu? si le duc sait tout... si un scandale
public...

AMÉLIE.

Il s'arrêtera devant une tombe! Octave... j'étais venue pour
l'empêcher de mourir. Eh bien, maintenant, c'est moi qui
te demande la mort.

OCTAVE.

La mort pour toi! (Le duc paraît au fond.)

AMÉLIE.

Oui, la mort plutôt que l'ingratitude... la mort plutôt que
la trahison...

OCTAVE.

Eh bien, alors la mort pour tous deux...

SCÈNE VI

OCTAVE, AMÉLIE, LE DUC

LE DUC.

Et pour moi?...

AMÉLIE.

Ah!...

LE DUC.

Vous voulez donc briser le peu de jours qui me restaient par
le souvenir du crime que je vous aurais coûté à tous deux.
(A Amélie.) Et d'abord, reprenez cette lettre qui m'a été livrée
par une servante que j'ai chassée... cette lettre où j'ai trouvé
la preuve de votre loyale et courageuse résistance à l'homme
qui vous adore, de votre résistance à vous-même, à ce sou-
lèvement invincible d'un cœur jeune qui aime et qui veut
être aimé...

AMÉLIE.

Monsieur le duc, tant de générosité; mais je suis venue ici...

LE DUC.

Pour épargner un crime à Octave. Mais osez me dire que c'était pour ma honte... Ah ! je ne vous croirais pas... vous m'avez donc estimé bien peu pour avoir voulu payer si cher, en m'épousant, un service que j'eusse été heureux de rendre (montrant Octave) à qui le méritait si bien. Ne vaut-il pas mieux que ce soit moi qui cesse de vous séparer...

AMÉLIE.

Que voulez-vous dire ?

LE DUC.

Rassurez-vous, je n'avancerai pas le terme de ma vie, bien prochain peut-être... mais à notre mariage contracté à l'étranger, il manquait une garantie nécessaire.

AMÉLIE.

C'était donc vrai...

OCTAVE.

Grand Dieu...

LE DUC.

On m'a signalé cet oubli, je pouvais... j'allais le faire réparer.... quand j'ai commencé à lire dans votre cœur. Et je me suis dit que cette omission pouvait me sauver du rôle cruel auquel vous m'avez condamné, ce rôle qui m'imposait de vous faire souffrir et dont je puis enfin me faire délivrer... vous êtes libres...

OCTAVE.

Vous qui m'avez sauvé déjà du découragement d'une obscurité avilissante, et quand vous pouviez me demander tout mon sang que je n'aurais pas défendu contre vous...

AMÉLIE.

Mais je ne puis, je ne dois pas vous abandonner.

LE DUC.

Vous ne pouvez rien pour moi, puisqu'avec moi vous êtes malheureuse...

AMÉLIE.

Ah! vous êtes bon et grand comme Dieu.

LE DUC.

Non! je suis clément comme un homme qui a souffert, et pour que vous puissiez un jour prier sur ma tombe, je n'ai pas voulu que vous eussiez à l'attendre.

FIN

Imprimerie L. Toinon et Cᵉ, à Saint-Germain.

COLLECTION

DES

GRANDES ÉPOPÉES NATIONALES

Le Râmayanâ. Poëme sanscrit de Valmiki. Traduit en français par
Hippolyte Fauche, traducteur des œuvres complètes de Kâli-
dâsa et Mahâ-Bhârata. 2 vol. in-18. . . . . **7 fr.**

Çakountalâ. — Raghou-Vança. — Mégha-Douta. — Œuvres
choisies de Kalidasa. Traduites par Hippolyte Fauche. 1 vol.
in-18. **3 fr. 50**

Les Nibelungen. — Traduction nouvelle, par Émile de Laveleye.
2ᵉ édit. 1 vol. in-18. . . . . **3 fr. 50**

Les Eddas. — La Saga des Nibelungen dans les Eddas et dans le
Nord Scandinave. Traduction précédée d'une Étude sur la for-
mation des Épopées nationales, par E. de Laveleye. 1 vol.
in-18. **3 fr. 50**

Les Poëmes nationaux de la Suède moderne. — Traduits, an-
notés et précédés d'une introduction et d'une étude biographique
et critique, par L. Léouzon-Leduc. 1 vol. in-18. . . **3 fr. 50**
— La Saga de Frithiof. — La Saga d'Axel. — La première Communion.

Le Roman du Renard. — Mis en vers d'après les textes originaux,
précédé d'une introduction et d'une bibliographie, par Ch. Potvin. 1 vol. in-18. . . . . **3 fr. 50**

La Chanson de Roland. — Poëme de Théroulde, suivi de la Chro-
nique de Turpin. Traduction de Alex. de Saint-Albin. 1 vol.
in-18. **3 fr. 50**

La Légende du Cid, comprenant le Poëme du Cid, les Chroniques
et les Romances. Traduction d'Emmanuel de Saint-Albin, avec
une préface, par M. Alex. de Saint-Albin. 2 vol. in-18. **7 fr.**

Chants populaires de l'Italie. — Texte italien ; traduction par
J. Caselli. 1 vol. in-18. . . . . **3 f. 50**

Le Paradis perdu de Milton. — Traduction de Chateaubriand. 2 vol.
in-18. . . . . **2 fr.**

ants héroïques et Chansons populaires des Slaves de Bohême.
Traduit sur les textes originaux avec une introduction et des
notes, par Louis Léger. 1 vol. in-18. . . . . **3 fr. 50**

Librairie Internationale, 15, Boulevard Montmartre, à Paris.

LITTÉRATURE ET BEAUX-ARTS

Abbé*** (l'). — Le Maudit. 11e édit. 3 vol. in-8.. . . . . **15 fr.**
— La Religieuse. 11e édit. 2 vol. in-8. . . . . 10 fr.
— Le Jésuite. 7e édit. 2 vol. in-8. . . . . 10 fr.
— Le Moine. 4e édit. 1 vol. in-8. . . . . 5 fr.
Ainsworth (Harrison). — Guy Fawkes, ou la Conspiration des pou-
dres. 2 vol. . . . . 1 fr.
Alarcon (A.-P. de). — Le Finale de Norma. Nouvelle traduite de l'es-
pagnol par Charles Yriarte. 1 vol. in-18.. . . . . 3 fr.
Alby (Ernest). — La Captivité du trompette Escoffier. 2 vol. in-18. 1 fr.
Almanach de Mathieu de la Nièvre. Indicateur du temps pour 1867.
Indispensable à tout le monde. Rédigé par les principaux savants,
écrivains et tous autres gens de bonne volonté. Orné de vignettes
par les premiers artistes. In-32. . . . . 50 c.
Amour et controverse. 1 vol. in-8. . . . . 5 fr.
Andrieux. — Poésies. 1 vol. . . . . 1 fr. 50
— Épître au pape. 1 vol. . . . . 30 c.
Aubertin (G.-H.). —Grammaire moderne des écrivains français. 1 vol.
in-8 compacte.. . . . . 6 fr.
— Petite Grammaire moderne, ou les Huit Espèces de mots. 1 vol.
in-12. . . . . 1 fr.
Auerbach (Berthold). — Au village et à la cour. Roman traduit de
l'allemand, par Mlle Mina Round. 2 vol. in-18. . . . . . 6 fr.
Bancel (D.). — Harangues et Commentaires littéraires et philosophiques
sur la littérature française. 3 vol. in-8. . . . . 15 fr.
Baron (A.). — Caius Julius Cæsar, ad optimas editiones recensitus,
cum commentario integro Jer. Jac. Oberlini, et selectis Ou-
dendorpii, Achainterii variorumque notis. 2 vol. in-8.. . 3 fr.
— La Mosaïque belge. 1 vol. in-18.. . . . . 1 fr.
— Poésies militaires de l'antiquité, ou Callinus et Tyrtée; ouvrage
trad. en vers français, avec notices, commentaires et traductions
en vers latins, anglais, italiens, allemands et hollandais. 1 vol.
in-8.. . . . . 2 fr.
— Résumé de l'histoire de la littérature française. 1 vol. in-18. 1 fr.
Bécart (A.-J.). — Précis d'un cours complet de rhétorique française.
1 vol. in-8. . . . . 2 fr.
Belmontet (L.). —Poésie des larmes. 1 vol. in-18.. . . . . . 3 fr.
Berend (Michel). — La Quarantaine. 1 vol. in-18. . . . . . . 3 50

Berthet (Elie). — La peine de mort ou la route du mal. Roman. 1 vol. in-18. . . . . **3 fr.**

Biagio Miraglia. — Cinq Nouvelles calabraises. 1 vol.   **3 fr. 50**

Blum (Ernest). — Entre Bicêtre et Charenton. Avec une préface de M. Henri Rochefort. 1 vol. in-18. . . . . **3 fr.**

Bonau (Filip). — Les Vengeurs, roman-drame en vers, précédé d'une lettre de M. A. de Lamartine. 1 vol. in-8. . . . . **6 fr.**

Breteh (Mᵐᵉ de). — Gabrielle. Les Pervenches. 1 vol. in-18. .   **3 fr.**

Castelnau (A.). — Zanzara, ou la Renaissance en Italie, roman historique. 2 vol. Charpentier. . . . . **7 fr.**

Catalan (E.). — Rime et Raison, ou Proverbes, apophthegmes, épigrammes et moralités proverbiales. Choisis et mis en vers. 1 vol. élégant in-32. **2 fr.**

Chassin (C.-L.) — Le Poëte de la Révolution hongroise, Alexandre Petœfi. 1 fort vol. Charpentier. . . . . **3 fr. 50**

Chateaubriand (De). — Atala. — Réné. 1 vol. in-18. . . . . **1 fr.**
— Essai sur la littérature anglaise. 2 vol. in-18. . . . . . . **2 fr.**
— Moïse. Tragédie. 1 vol. in-18. . . . . **50 c.**
— Le Paradis perdu de Milton. 2 vol. in-18. . . . . **2 fr.**
— Mélanges littéraires. 1 vol. in-32. . . . . **50 c.**
— Les Natchez. 2 vol. in-32.   . . . . **1 fr.**

Chavée. — Essai d'étymologie, ou Recherches sur l'origine et les variations des mots qui expriment les actes intellectuels et moraux. 1 vol. in-8. **2 fr.**

Chénier (Marie-Joseph). — Poésies. 1 vol. . . . . **2 fr.**

Claude (F.). — Le Roman de l'Amour. 2ᵉ édit. 1 vol. in-18. . . **3 fr.**
— Les Psaumes. Traduction nouvelle. 1 vol. in-18. . . . . **3 fr.**

Contes de la sœur Marie. — Traduits de l'anglais. 1 vol. in-18, orné de vignettes. **1 fr.**

Constant (Benjamin). — Mélanges de littérature et de politique. 1 vol. in-18. . . . . **1 fr.**

Conversations d'un père avec ses enfants. — Traduit de l'anglais. 2 vol. in-18, ornés de gravures. . . . . **2 fr**

Curtis (G.-W.). — Rêveries d'un Homme marié. 2 vol. in-32.   **2 fr. 50**

Damoclès. — Le Dernier Misérable. 2 vol. in-8. . . . . **12 fr.**

Dérisoud (Ch.-J). — Les Petits Crimes. 1 vol. in-18. . . . . . **3 fr.**

Désaugiers. — Chansons et Poésies. 1 vol. . . . . **3 fr.**

Desbarolles (A.) — Le caractère allemand expliqué par la physiologie. 1 vol. in-18. . . . . **3 fr.**

Dialogues extravagants. 1 vol. in-18. . . . . **2 fr.**

Dœring (H.). — Mozart, sa biographie et ses œuvres. 1 v. in-18.   **1 f. 25**

Dollfus (C.). — Mardoche. La revanche du hasard. La Villa. 1 vol. in-18. . . . . **3 fr.**

Dora d'Istria (Mᵐᵉ la princesse). — Des Femmes, par une femme. 2 beaux vol. in-8. **10 fr.**

Ducondut (A.). — Juvenilia virilia. Poésies. 1 vol. in-18. . . . **3 fr.**

Librairie Internationale, 15, Boulevard Montmartre, à Paris.

Dumas (Alexandre). — Les Crimes célèbres. Nouvelle édition. 4 vol. in-18. . . . . 8 fr.
— Les Borgia. — La Marquise de Ganges — Les Cenci. 1 vol. in-18. . . . . 2 fr.
— Marie Stuart. — Karl Ludwig Sand. — Murat. 1 vol. in-18. 2 fr.
— Massacres du Midi. — Urbain Grandier. 1 vol. in-18. . . 2 fr.
— La Marquise de Brinvilliers. — La Comtesse de Saint-Géran. — Jeanne de Naples. — Vaninka. 1 vol. in-18. . . . . . . 2 fr.

Ellerman (Charles-F.). — L'Amnistie, ou le Duc d'Albe dans les Flandres. Traduit de l'anglais. 2 vol. in-12. . . . . 2 fr.

Emerson (R.-W.). — Les Représentants de l'humanité. Traduit de l'anglais. par P. de Boulogne. 1 vol. in-18. . . . . . . 3 fr. 50
— Les Lois de la vie. Traduit par Xavier Eyma. 1 v. in-18.. 3 fr. 50
— Essai sur la nature. Avec une étude sur la vie et les œuvres d'Emerson. Traduit de l'anglais par X. Eyma. 1 v. in-18. 3 50

Ferrier. — La Russie. 1 vol. in-18.. . . . . 1 fr.

Fétis. — La musique mise à la portée de tout le monde. Exposé succinct de tout ce qui est nécessaire pour juger de cet art et pour en parler sans l'avoir étudié. Dernière édition, augmentée de plusieurs chapitres et suivie d'un dictionnaire des termes de musique et d'une biographie de la musique. 1 vol. in-18 de 448 pages. . . . . 2 fr.

Fould (fils). — L'Enfer des Femmes. 1 vol. in-12. . . . . . . 3 50

Galerie des femmes de George Sand, ornée de 24 magnifiques portraits sur acier gravés par H. Robinson, d'après les tableaux de Mᵐᵉ Geefs, MM. Charpentier, Lepaulle, Gros-Claude, Giraldon, Lepoitevin, Biard, etc., avec un texte, par le bibliophile Jacob, illustré de vignettes dessinées par MM. Français, Nanteuil, Morel-Fala, et gravées par Chevin. 1 vol. in-4. . . . 20 fr.

Garcin (Mᵐᵉ Eugène). — Léonie, essai d'éducation par le roman, précédé d'une lettre de M. A. de Lamartine. 3ᵉ édit. 1 vol. Charpentier. . . . . 3 fr.
— Charlotte. 1 vol. in-12. . . . . 3 fr. 50

Gatti de Gamond (Mᵐᵉ). — Des Devoirs des femmes et des moyens propres à assurer leur bonheur. 1 vol. in-18 . . . . . . 1 fr.
— Esquisses sur les femmes. 2 vol. in-18.. . . . . 1 fr.
— Réalisation d'une commune sociétaire, d'après la théorie de Charles Fourier. 1 vol. in-8. 6 fr.

Genlis (Mᵐᵉ de). — Mademoiselle de Clermont.— Cléomir. 1 vol. 30 c.
— Laurette et Julia. 1 vol. . . . . 50 c.

Gomzé (C.). — L'Écriture raconte son histoire. In-18.. . . . . . 30 c.
— Si j'étais roi. In-18. . . . . 30 c.

Goncourt (Edmond et Jules de). — Idées et Sensations. 1 beau vol. grand in-8.. . . . . 5 fr.

Gœthe. — Faust, tragédie. 1 vol. in-18. . . . . 3 fr.

Grattan (Thomas Colley). — L'Héritière de Bruges. 3 vol. . . 3 fr.

Guénot-Lecointe. — Le Cadet de Bourgogne. 1 vol. . . . . . . 1 fr.
— La Dernière Croisade. 1 vol. . . . . 1 fr.
Hédouin (A.). — Gœthe. Sa vie, ses œuvres et ses contemporains. 1 vol.
in-18. . . . . 3 fr. 50
Heller (Robert). — Un Tremblement de terre. 2 vol. in-32. . . 3 fr.
Hope. — Histoire de l'architecture. Traduit de l'anglais par A. Baron.
2ᵉ édit. 1 très-beau vol. in-8, accompagné d'un atlas de 90 planches gravées. . . . . 12 fr.
Hugo (Victor). — Les Misérables. 10 vol. in-8, édit. de luxe. 60 fr.
— Le même ouvrage, en 10 vol. in-12. . . . . 35 fr.
— Le même ouvrage. Édit. illustrée de 200 dessins de Brion. 1 vol.
in-4. . . . . 10 fr.
— William Shakespeare. 1 beau et fort vol. in-8. . . . . 7 fr. 50
— Les Chansons des rues et des bois. 1 beau vol. in-8. . 7 fr. 50
— Les Travailleurs de la mer. 15ᵉ édit. 3 vol. in-8. . . . . 18 fr.
Humboldt (A. de). — Correspondance avec Varnhagen von Ense et
autres contemporains célèbres. Traduit par Max Sulzberger
1 beau et fort vol. in-12. . . . . 5 fr.
Joliet (Ch.) — L'Envers d'une campagne. Italie, 1859. 1 vol. in-18. 3 fr.
Kennedy (Miss Grace). — Décision. 1 vol. in-18. . . . . . . 1 fr.
— Jessy Allan la boiteuse. 1 vol. in-18. . . . . 50 c.
— Nouvelles protestantes. 2 vol. in-18. . . . . 2 fr.
— La Parole de Dieu. 1 vol. in-18. . . . . 50 c.
— Visite d'Andrew Campbell à ses cousins d'Irlande. 1 vol. in-18. 50 c.
Labarre (Louis). — Satires et élégies. 1 vol. . . . . 1 fr.
Lacroix (Albert). — Histoire de l'influence de Shakespeare sur le théâtre
français, jusqu'à nos jours. 1 vol. grand in-8. . . . . 5 fr.
Lamartine (Alphonse de). — Shakspeare et son œuvre. 1 beau vol.
in-8 de 450 pages. . . . . 5 fr.
La Véguay. — Inès de Montéja. 1 vol. . . . . 1 fr.
Leclercq (E.). — Histoire de deux armurières. 1 vol. in-18. 3 fr. 50
— Gabrielle Hauzy. 1 vol. in-18. . . . . 3 fr. 50
— Contes vraisemblables pour les Enfants. 1 beau vol. in-8 avec
10 grandes illustrations par Césare dell'Acqua. Broché, 6 fr. —
Relié, 9 fr.
Léo (André). — Un Divorce. 1 beau vol. in-8. . . . . 5 fr.
Lerchy (Mᵐᵉ de). — Elvire Nanteuil. 1 vol. in-18. . . . . 1 fr. 25
Les Rivaux, imité de l'anglais. 3 vol. in-18. . . . . 3 fr. 75
Liedtz (Frédéric). — Après le couvre-feu. 2 vol. . . . . . . 2 fr.
Ligne (Prince de). — Œuvres, précédées d'une introduction, par Albert
Lacroix. 4 beaux et forts vol. in-18. . . . . 14 fr.
— Mémoires, suivis de pensées et précédés d'une introduction. 1 vol.
in-18. . . . . 3 fr. 50
Livre d'or des familles (Le), ou la Terre sainte, illustré de 58 pl.
rehaussées, dessinées par Haghe. 1 beau vol. in-8, orné de lettrines, de culs-de-lampe et d'une carte de la Palestine. 15 fr.

Lœbel. — Lettres sur la Belgique. Trad. de l'allemand. 1 v. in-18. 1 fr.

Logé. — Dictionnaire de morale, Choix de pensées et de maximes extraites des meilleurs auteurs modernes. 1 vol. in-12. . 3 fr.

Longfellow. — Hypérion et Kavanagh. 2 vol. in-12. . . . . . 5 fr.

Lucas (H.). — Histoire philosophique et littéraire du théâtre français depuis son origine jusqu'à nos jours. 2ᵉ édit. revue et augmentée. 3 vol. in-18. . . . . 10 fr. 50

Lussy (M.). — Réforme dans l'enseignement du piano. 1ʳᵉ partie : Exercices de piano dans tous les tons majeurs et mineurs, à composer et à écrire par l'élève ; précédés de la théorie des gammes, des modulations, du doigté, de la gamme harmonique, etc., et de nombreux exercices théoriques. In-8. . . . . 4 fr.

Mayne Reid. — La Fête des Chasseurs, scènes du bivac. Traduit de l'anglais par O'Squarr Flor. 2 forts vol. in-32. . . . ⸱ 2 fr. 50

Michelet (J.). — La Sorcière. Nouv. édition. 1 vol. in-18. . 3 fr. 50

Michiels (Alfred). — Névillac. 1 vol. . . . . 1 fr.
— Histoire de la Peinture flamande depuis ses débuts jusqu'en 1864. 2ᵉ édit. 6 vol. in-8. . . . . 30 fr.

Millevoye. — Poëmes et poésies. . . . . 2 fr.

Moke (H.-G.). — Du Sort de la femme dans les temps anciens et modernes. 1 vol. in-12. . . . . 2 fr.

Moreau de la Meltière (Mᵐᵉ Charlotte). — Contes variés et tableaux de mœurs. 2 vol. . . . . 2 fr.

Palais Pompéien (Le). — Études sur la maison gréco-romaine, ancienne résidence du Prince Napoléon, par Théophile Gautier, Arsène Houssaye et Charles Coligny. Grand in-8 avec une belle gravure (in-4) d'après Boulanger. . . . . 1 fr.

Pecchio. — Causeries d'un exilé sur l'Angleterre. Traduit de l'italien. 1 vol. in-18. . . . . 1 fr.

Pécontal (Simon). — La Divine Odyssée. Poésies. 1 vol. in-8. . 5 fr.

Pellico (Silvio). — Mes Prisons. Mémoires, précédés d'une introduction biographique de Pietro Maroncelli. Traduction par Léger Noël. 1 vol. in-18 avec cartes et *fac-simile*. . . . . 1 fr.

Pétrarque. — Rimes, traduites en vers, avec le texte en regard, par J. Poulenc. 4 vol. in-18 jésus. . . . . 12 fr.

Pfau (Louis). — Études sur l'Art. 1 vol. in-8. . . . . 5 fr.

Pfyffer de Neueck. — Esquisses de l'île de Java et de ses divers habitants. 1 vol. in-18. . . . . 1 fr.

Potvin (C.). — La Belgique, poëme. 1 vol. in-12. . . . . . . 1 fr.

Poupart de Wilde (A.). — Anacréon et Sapho, suivis d'autres poésies grecques et latines, traduites en vers. 1 v. gr. in-18. 1 fr. 25

Prévost-Paradol. — Discours de réception prononcé à l'Académie française, le 8 mars 1866. Grand in-8. 50

Rambaud (L.). — L'Age de bronze. Poésies. 1 vol. in-18. . . . 2 fr.

Rastoul de Mongeot. — Pétrarque et son siècle. 2 vol. . . 2 fr.

Reade (Ch.). — L'Argent fatal, roman. Trad. de l'anglais. 2 v. in-18. 7 fr.

Reiffenberg (De). — Histoire de l'ordre de la Toison d'or, depuis son origine jusqu'à la cessation des chapitres généraux. 1 vol. petit in-folio, orné de planches coloriées. . . . . 25 fr.

— Résumé de l'histoire des Pays-Bas. 2 vol. in-18. . . . . . 3 fr.

— Le Dimanche, récits de Marsilius Brunck. 1 vol. in-18. . . 1 fr.

— Le Lundi. Nouveaux récits de Marsilius Brunck. 1 v. in-18. 50 c.

Richard (J.). — Un Péché de vieillesse. Roman. 1 vol. in-18. . 3 fr.

— La Galère conjugale. Roman. 1 vol. in-18. . . . . 3 fr.

Romances historicos por um Brasileiro. Nova ediçâo correcta, augmentada e seguida de algumas poesias soltas. 1 vol. in-18. 7 fr. 50

Saint-Génois (Jules de). — La Cour du duc Jean IV. . . . . 2 fr.

— Hembyse. 3 vol. . . . . 3 fr.

— Histoire des avoueries en Belgique. 1 vol. in-8. . . . . . 1 fr.

Sand (Maurice). — Le Coq aux Cheveux d'or. Récit des temps fabuleux. 1 vol. in-18. . . . . 3 fr.

Santo-Domingo. — Tablettes romaines. 2 vol. . . . . 2 fr.

Schlegel (A.-W.). — Cours de littérature dramatique. Traduit de l'allemand par Mᵐᵉ Necker de Saussure. 2 vol. in-18. . . . 7 fr.

Sémenow. — Un Homme de cœur. 2 vol. in-32. . . . . . . 2 fr. 50

Serret (E.). — Les heures perdues. Poésies. 1 vol. in-18. . . . 3 fr.

Siret (Adolphe). — Dictionnaire historique des peintres de toutes les écoles, depuis l'origine de la peinture jusqu'à nos jours. 2ᵉ édit. revue et augmentée. 1 vol. in-8 à 2 col. . . . . 30 fr.

— Gloires et misères. 2 vol. . . . . 2 fr.

Soulié (Frédéric). — Œuvres. 54 vol. in-18 à 50 c. le vol.

Au jour le jour. 2 vol.	Homme de lettres (l'). 3 vol.
Bananier (le). 3 vol.	Huit jours au château. 3 vol.
Chambrière (la). 1 vol.	Il était temps. 1 vol.
Château des Pyrénées (le). 3 vol.	Maître d'école (le). 1 vol.
Comte de Foix (le). 1 vol.	Marguerite. 2 vol.
Comtesse de Monrion (la). 3 vol.	Olivier Duhamel. 2 vol.
Deux séjours. 2 vol.	Prétendus (les). 1 vol.
Drames inconnus (les). 6 vol.	Quatre sœurs (les). 2 vol.
Duc de Guise (le). 2 vol.	Romans historiques du Languedoc. 2 v.
Été à Meudon (un). 2 vol.	Satbaniel. 2 vol.
Eulalie Pontois. 1 vol.	Serpent (le). 2 vol.
Forgerons (les). 1 vol.	Veau d'or. 6 vol.

Staël (Mᵐᵉ de). — De l'Allemagne. 3 vol. in-18. . . . . . . 3 fr.

— Le même ouvrage. 4 vol. in-32. . . . . 1 fr.

— Considérations sur les principaux événements de la Révolution française. 3 vol. in-8. . . . . 6 fr.

— Le même ouvrage. 3 vol. in-18.. . . . . 3 fr.

— Dix années d'exil. 1 vol. in-8. . . . . 2 fr.

— Le même ouvrage in-18.. . . . . 1 fr.

— Essais dramatiques. 1 vol. in-8. . . . . 2 fr.

— Le même ouvrage in-18.. . . . . 1 fr.

— Littérature. 1 vol. in-8. . . . . 2 fr.

Staël (Mᵐᵉ de) Mélanges. 1 vol. in-8 . . . . **2 fr.**
— Morceaux divers. 1 vol. in-8. . . . . **2 fr.**
— Le même ouvrage in-18. . . . . **1 fr.**
— Notice sur le caractère et les écrits de Mᵐᵉ de Staël. — Lettres sur
    J.-J. Rousseau. 1 vol. in-8. . . . . **2 fr.**

Sue (Eugène). — Œuvres. 37 vol. in-18. Chaque vol. 1 fr.

Plik et Plok. Atar-Gull. 1 vol. in-18.	Thérèse Dunoyer. 1 vol. in-18.
La Salamandre. 1 vol. in-18.	Le Juif Errant. 4 vol. in-18.
La Coucaratcha. 1 vol. in-18.	Miss Mary. 1 vol. in-18.
L'Envie. 1 vol. in-18.	Mathilde. 4 vol. in-18.
La Colère, la Luxure. 1 vol. in-18.	Deux Histoires. 1 vol. in-18.
La Paresse, la Gourmandise, l'Ava-	Arthur. 2 vol. in-18.
rice. 1 vol. in-18.	La Famille Jouffroy. 3 vol. in-18.
L'Orgueil. 2 vol. in-18.	Le Morne-au-Diable. 1 vol. in-18.
Les Mystères de Paris. 4 vol. in-18.	La Vigie de Koat-Ven. 2 vol. in-18.
Paula Monti. 1 vol. in-18.	Les Enfants de l'Amour. 1 v. in-18.
Latréaumont. 1 vol. in-18.	Les Mémoires d'un mari. 2 vol.
Le Commandeur de Malte. 1 v. in-18.	in-18.

Sue (Eugène). — Mademoiselle de Plouernel. 1 vol. in-18 . . . **2 fr.**
— Jeanne Darc, la Pucelle d'Orléans. 1 vol. in-18. . . . . . **2 fr.**
— La Clochette d'Airain. — Le Collier de fer. 1 volume
    in-18 . . . . **2 fr.**
— L'Alouette du Casque, ou Victoria, la Mère des Camps.
    1 volume in-18. **2 fr.**
— La Faucille d'or. — La Croix d'argent. 1 vol. in-18. . . **2 fr.**
— Deleytar. 2 vol. in-18. . . . . **1 fr.**
— Fanatiques (les) des Cévennes. 3 vol. in-18. . . . . . . **1 fr. 50**
— Marquise (la) Cornélia d'Alfi. 1 vol. in-18 . . . . **50 c.**
— Martin l'enfant trouvé. 8 vol. in-18. . . . . **4 fr.**
— Les Mystères de Paris. 4 vol. gr. in-18, format anglais, illustrés
    de 48 vignettes gravées sur bois. . . . . **10 fr.**
— Thérèse Dunoyer. 2 vol. in-18. . . . . **1 fr.**

Tennant (Emerson). — Notes d'un voyageur anglais sur la Belgique
    2 vol. in-18. . . . . **1 fr.**

Thyes (Félix). — Marc Bruno. Avec une notice sur l'auteur, par Eugène
    Van Bemmel. 1 vol. in-18. . . . . **50 c.**

Trollope (Antony). — La petite maison d'Allington. Traduit de l'an-
    glais par E. Marcel. 2 vol. in-18. . . . . **7 fr.**

Van Bemmel (Eug.). — De la Langue et de la poésie Provençales. 1 vol.
    in-12. . . . . **2 fr.**
— L'Harmonie des passions humaines, fronton du théâtre de la Mon-
    naie, à Bruxelles, par E. Simonis. Notice avec grav. . **75 c.**

Vie de Rossini. 1 vol. in-18. . . . . **1 fr.**

Vincent (Ch.) et **Didier** (E.). — Enclume ou Marteau. Roman con-
    temporain. 1 vol. in-18, avec 16 illustrations de Valentin, tirées
    hors texte. . . . . **3 fr. 50**

Vinet (A.). — Chrestomathie française, ou choix de morceaux tirés des meilleurs écrivains français. 3 vol. petit in-8 . . . . . 13 fr.
Chaque volume se vend séparément :
    I. Littérature de l'enfance. . . . . 4 fr.
    II. Littérature de l'adolescence. . . . . 4 fr.
    III. Littérature de la jeunesse et de l'âge mûr. . . 5 fr.
Wieland (C.-M.). — Musarion, ou la Philosophie des Grâces. Traduit de l'allemand par Poupart de Wilde. 1 vol. in-18. . . 1 fr. 25
Wiertz (A.). — Peinture mate. Procédé nouveau. 1 vol. in-8. 1 fr.
Zola (E.). — La Confession de Claude. 1 vol. in-18. . . . . . 3 fr.
Zschokke (Henri). — Lettres d'Islande. Traduit de l'allemand, par Émile Tandel. 1 vol. in-18. . . . . 1 fr.

OUVRAGES D'ART

Etudes photographiques. Par Ildefonse Rousset — Renseignements pour les artistes. Modèles pour les amateurs de dessins. (Paysages. — Sujets, — Plantes, — Fleurs, — Études de neige, — Effets de soleil. — Nuages, etc.). Avec Introduction et notes par Louis Jourdan. 1 magnifique vol. in-4, contenant 40 photographies. Prix du volume, relié et doré. . . . . 75 fr·
Le Bois de Vincennes. — Décrit et photographié par Émile de la Bédollière et Ildefonse Rousset. 1 vol. in-4, orné de 25 magnifiques photographies et d'un plan du bois de Vincennes. Broché : 33 fr. Relié et richement doré. . . . . 40 fr.
Le Tour de Marne. — Décrit et photographié par Émile de la Bédollière et Ildefonse Rousset. 1 vol. in-4, orné de 30 magnifiques photographies et d'un plan topographique du Tour de Marne. Relié et doré. . . . . 50 fr.
— Le même ouvrage, format in-18, orné de 10 photographies et d'un plan du Tour de Marne. Broché, 8 fr.; relié. . . . . 10 fr.
Les photographies contenues dans ces volumes, ainsi qu'une série d'épreuves photographiques se vendent séparément :
Celles in-4. . . 1 fr. 50. — Celles in-18. . . . . . . 75 c.
Chez Victor Hugo, par un passant. 1 vol. in-8 orné de 12 eaux-fortes, gravées par Maxime Lalanne. . . . . 6 fr.
Photographies des Misérables de Victor Hugo, d'après les dessins de G. Brion. Collection complète, 25 sujets in-8 à 1 fr. 25
La même collection in-18, le sujet.. . . . . 1 fr.
Chaque scène ou type se vend séparément.

Librairie Internationale, 15, Boulevard Montmartre, à Paris.

Dargaud (J.-M.). — Histoire d'Élisabeth d'Angleterre. 1 v. in-8.   6 fr.

Delepierre. — La Belgique illustrée par les sciences, les arts et les lettres. 1 vol. in-8 . . . .   4 fr.

— Coup d'œil sur l'histoire de la législation des céréales en Angleterre. 1 vol. in-18 . . . . 1 fr.

Delepierre (J.-O.) et **Perneel** (J.). — Histoire du règne de Charles le Bon. 1 vol. in-8 . . . .   5 fr.

Dumouriez (le g^{al}).—Mémoires et correspondance inéd. 2 v. in-18. 2 fr.

Eyma (Xavier). — La République américaine ; ses institutions, ses hommes. 2 vol. in-8 . . . . 12 fr.

— Les Trente-Quatre étoiles de l'Union américaine. Histoire des États et des Territoires. 2 vol. in-8. . . . . 12 fr.

— Légendes du nouveau monde. 2 vol. in-18. . . . .   7 fr.

Figuier (Louis). — Vies des Savants illustres depuis l'antiquité jusqu'au XIXe siècle, avec l'appréciation sommaire de leurs travaux.

Vol. I. — Savants de l'antiquité : Thalès. — Pythagore. — Platon. — Aristote. — Hippocrate. — Théophraste. — Archimède. — Euclide. — Apollonius. — Hipparque. — Pline. — Dioscoride. — Galien. — Ptolémée et l'École d'Alexandrie. 1 fort vol. grand in-8, illustré de 38 belles gravures en dehors du texte, sur papier blanc; broché : 10 fr., et 14 fr. avec une superbe reliure.

Vol. II. — Savants du moyen age : Géber. — Mesué. — Rhasès. Avicenne. — Averrhoès. — Abulcasis. — Albert le Grand. — Thomas d'Aquin. — Roger Bacon. — Vincent de Beauvais. — Arnauld de Villeneuve. — Raymond Lulle. — Guy de Chauliac. — Guttenberg. — Fust et Schœffer. — Christophe Colomb. — Améric Vespuce. 1 fort vol. grand in-8, illustré de 36 grandes gravures en dehors du texte, sur papier blanc; broché : 10 fr., et 14 fr. relié avec luxe. — Il a été tiré un nombre d'exemplaires de ces 2 vol. avec gravures sur papier teinté.

Findel (J. - G.). — Histoire de la Franc-Maçonnerie depuis son origine jusqu'à nos jours. Trad. de l'allem. par E. Tandel. 2 v. in-8. 12 fr.

Gachard. — Documents concernant les troubles de la Belgique sous l'empereur Charles VI. 2 vol. in-8. . . . . 10 fr.

Garrido (F.). — L'Espagne contemporaine. 1 vol. in-8 . . . . . 7 50

Goblet d'Alviella (lieutenant général, comte). — Des cinq grandes puissances de l'Europe dans leurs rapports politiques et militaires avec la Belgique. 1 vol. in-8. . . . .   5 fr.

— Mémoires historiques. Dix-huit mois de politique et de négociations se rattachant à la première atteinte portée aux traités de 1815. 2 vol. in-8. . . . . 12 fr.

Goldsmith (le D^r). — Abrégé de l'histoire romaine. Traduit de l'anglais. 8e édit. 1 vol. grand in-18 . . . . 1 fr.

Hamel (E.). — Histoire de Robespierre, d'après des papiers de famille, les sources originales et des documents entièrement inédits. 3 vol. in-8. . . . . 22 fr 50.

Histoire de la Néerlande. 1 vol. in-32 illustré. . . . . 1 fr.

Hugo (Mme Victor). — Victor Hugo raconté par un témoin de sa vie (Mémoires). 6e édit. 2 vol. in-8. . . . . 15 fr.

Juste (Théodore) — Les Pays-Bas au xvie siècle ; le comte d'Egmont et le comte de Horne. 1 beau vol. in-8. . . . . 7 fr. 50

— Les Pays-Bas au xvie siècle. Vie de Marnix de Sainte-Aldegonde, tirée des papiers d'État et de documents inéd. 1 v. in-8. 4 fr.

— Histoire du Congrès national de Belgique ou de la Fondation de la monarchie belge. 2 beaux et forts vol. Charpentier. Nouvelle édition soigneusement revue . . . . 7 fr.

— Les Pays-Bas sous Charles-Quint. La vie de Marie de Hongrie, tirée des papiers d'État. 2e édit. 1 vol. Charpentier. 3 fr. 50

— Christine de Lalaing, princesse d'Épinoy. 1 vol. in-12. . 1 fr.

— Souvenirs diplomatiques du xviiie siècle. Le comte de Mercy-Argenteau. 1 vol. Charpentier. 3 50

— Histoire du règne de l'empereur Joseph II et de la révolution belge de 1790. 3 vol. in-12. . . . . 9 fr.

— Histoire populaire de la Révolution française. 1 vol. in-18. 1 fr.

— Hist. populaire du Consulat, de l'Empire et de la Restauration. 1 vol. in-18. . . . . 1 fr.

— Le Premier roi des Belges. Biographie populaire. In-18. . 75 c.

Klencke — Vie d'Alexandre de Humboldt. Traduit de l'allemand par Burgkly. 1 vol. Charpentier. . . . . 3 fr. 50

Koch (De) — Histoire abrégée des traités de paix entre les puissances de l'Europe, depuis la paix de Westphalie ; augmentée et continuée jusqu'au congrès de Vienne et aux traités de Paris de 1815, par F. Schœll. 4 vol. grand in-8 à 2 col. . . . . 48 fr.

Labarre (L.) — Éphémérides nationales. 1 vol. in-18. . . . . 2 fr.

Labot (A.). — Convocation des états généraux et législation électorale de 1789. Cahiers, procès-verbaux, opérations électorales des assemblées du clergé, de la noblesse et du tiers état du Nivernois et Donziois, réunis à Nevers et à St-Pierre-le-Moûtier, en 1789. Extraits des documents officiels. 1 fort vol. in-18. . 4 fr. 50

Lacroix (A.) et **Van Meenen** (Fr.). — Notices historique et bibliographique sur Philippe de Marnix, avec portrait. 1 v. in-8. 1 fr. 60

La Fayette. — Mémoires. 2 vol. grand in-8 à 2 col. . . . . . 10 fr.

Lamarque (le général). — Mémoires et Souvenirs. 2 vol. in-18. 2 fr.

Lamartine (A. de). — Portraits et Biographies. (W. Pitt. — Lord Chatham. — Mme Roland. — Ch. Corday). 1 vol. in-8. . . 5 fr.

— Les Hommes de la Révolution (Mirabeau. — Danton. — Vergniaud). 1 vol. in-8. . . . . 5 fr.

— Les Grands hommes de l'Orient. (Mahomet. — Tamerlan. — Zizim.) 1 vol. in-8. . . . . 5 fr.

— Civilisateurs et conquérants (Solon. — Périclès. — Michel-Ange. — Pierre le Grand. — Catherine II. — Murat. — Fables de l'Inde). 2 vol. in-8. . . . . 10 fr.

Laurent (Fr.). — Études sur l'histoire de l'humanité. Histoire du droit des gens et des relations internationales. Chaque vol., format in-8° . . . . 7 fr. 50

Tome I. L'Orient (2e édit.).	Tome VII. L'Église et la Féodalité.
— II. La Grèce (2e édit.).	— VIII. La Réforme.
— III. Rome (2e édit.).	— IX. Les Guerres de religion.
— IV. Le Christianisme (2e éd.).	— X. Les Nationalités.
— V. Les Barbares et le Ca-	— XI. La Politique royale.
tholicisme (2e édit.).	— XII. La Philosophie du 18e siècle
— VI. L'Empire et la Papauté.	et le Christianisme.

Laurent (Fr.). L'Église et l'État. 2 forts vol. in-8° . . . . . . 15 fr.
Vol. I. Le Moyen âge. — La Réforme (2e édit.).
— II. La Révolution.

— Le même ouvrage. 2 vol. in-18. . . . . 7 fr.
— Van Espen. Étude historique sur l'Église et l'État en Belgique. 1 vol. in-18. . . . . 3 fr. 50 c.

Lenfant (le P.), confesseur de Louis XVI. — Mémoires. 2 v. in-18. 2 fr.

Loeb (le docteur Henri). — Catéchisme israélite, à l'usage des écoles du culte israélite. 1 vol. in-12 . . . . 2 fr.
— Histoire sainte, ou histoire des israélites depuis la création jusqu'à la destruction de Jérusalem. 1 vol. in-8. . . . . 5 fr.
— Le même ouvrage. 1 vol. in-12. . . . . 2 fr.

Louis XVIII. — Sa correspondance privée et inédite, pendant son séjour en Angleterre. 1 vol. in-8. . . . . 2 fr.
— Mémoires, publiés et recueillis par le duc D.... 12 v. in-18. 18 fr.

Marnix (Philippe de). — Le Tableau des différends de la religion. 4 vol. in-8. 16 fr.
— De Bijenkorf (La ruche à miel de l'Église romaine). 2 v. in-8. 7 fr.
— Les Écrits politiques et historiques. 1 v. in-8. . . . . 4 fr.
— La Correspondance et les Mélanges. 1 vol. in-8. . . . . . 5 fr.

Ney (maréchal). — Mémoires, publiés par sa famille. 2 v. in-18. 2 fr.

Pasquini (J.-N.). — Histoire de la ville d'Ostende et du port, précédée d'une notice des révolutions physiques de la côte de Flandre, tirée de M. Belpaire. 1 v. in-8. . . . . . . 7 fr. 50

Peel (Robert). — Mémoires trad. par E. de Laveleye. 2 vol. in-8. 10 fr.

Petruccelli della Gattina (Fr.). — Histoire diplomatique des conclaves, depuis Martin V jusqu'à Pie IX. 4 vol. in-8. 24 fr.

Potter (De). — Vie de Scipion de Ricci, évêque de Pistoie et Prato, réformateur du catholicisme en Toscane, composée sur le manuscrit autographe de ce prélat. 3 vol. in-18. . . . . 6 fr.

Potvin (Ch.). — Albert et Isabelle. Fragments sur leur règne. 1 vol. in-8. . . . . 3 fr. 50

Quinet (Edgar). — La Révolution (4e édit.). 2 vol. in-8. . . . 15 fr.

Reumont (A. de). — La Jeunesse de Catherine de Médicis. Traduit de l'allemand. 1 vol. in-18, avec portrait. . . . . . . 2 fr. 50

Rittlez (F.) — Histoire du Gouvernement provisoire de 1848, pour faire suite à l'histoire du règne de Louis-Philippe Ier. 2 v. in-8. 10 fr.

Rodenbach (C.). — Épisodes de la révolution dans les **Flandres**. 1 vol. in-18. . . . . **1 fr.**

Roland (Mme). — Lettres autographes adressées à Bancal des Issarts. 1 vol. in-18. . . . . **1 1 fr.**

Schayes (A.-G.-B.). — Les Pays-Bas avant et durant la domination romaine. 2 vol. in-8. . . . . **10 fr.**

Sosset (J.). — Biographies à l'usage des écoles moyennes. Première partie destinée à la 1re année d'études. 2e édit. 1 vol. in-12. **1 fr.**

— Deuxième partie, 2e édit., destinée à la 2e année d'études. **1 fr.**

Steenackers (F.). — Histoire des Ordres de chevalerie et des distinctions honorifiques en France. 1 vol. in-4, avec planches. . . **15 fr.**

Vandervynct. — Histoire des troubles des Pays-Bas sous Philippe II. 4 vol. in-8. . . . . **10 fr.**

Van Halen (Don Juan). — Mémoires. 2 vol. in-8. . . . . . . **6 fr.**

— Pour faire suite à ces mémoires : Les quatre journées de Bruxelles. 1 vol. in-8. . . . . **1 fr.**

Véron (le docteur L.). — Nouveaux mémoires d'un bourgeois de Paris, depuis le 10 décembre 1848 jusqu'aux élections générales de 1863. Le second empire. 2e édit. 1 vol. in-8. . . . . **6 fr.**

Villiaumé (N.). — Histoire de la Révolution française (1789), nouvelle édit. revue et augmentée de documents inédits et inconnus. 3 vol. in - 8. . . . . **15 fr.**

— Histoire de Jeanne Darc et réfutation des diverses erreurs publiées jusqu'aujourd'hui. 3e édit. 1 vol. in-8. . . . . **7 fr. 50**

Weber (Georges). — Histoire universelle. Traduit de l'allemand sur la 9e édit. par Jules Guillaume. 9 vol. in-18 . . . . . . **30 fr.**

I. Peuples orientaux. 1 v.	2 fr.	VI. Histoire moderne. 1. La Renaissance et la Réforme.	3 fr. 50
II. Histoire grecque. 1 v.	3 fr. 50		
III. Histoire romaine. 1 v.	3 fr. 50	VII. Hist. moderne. 2. De Louis XIV à Frédéric II. . . .	3 fr. 50
IV. Histoire du moyen âge. 1.	3 fr. 50	VIII. Histoire moderne. 3. La Révolution. L'Empire français.	3 fr. 50
V. D° 2.	3 fr. 50		

L'ouvrage formera 9 vol.

White (Charles). — Révolution belge de 1830. 3 vol. in-18 . . **3 fr.**

Wouters. — Histoire chronologique de la République et de l'Empire (1789 à 1815), suivie des annales napoléoniennes depuis 1815 1 vol. in-8, cartes et plans. . . . . **10 fr**

Librairie Internationale, 15, Boulevard Montmartre, à Paris.

BIBLIOTHÈQUE DE LA CRITIQUE MODERNE

Format in-18, à 3 fr. 50 c. le volume

Assollant (A.).—Vérité! Vérité! 1 vol.
— Pensées et Réflexions de Cadet Borniche. 1 vol.
— Un Quaker à Paris. 1 vol.
Castagnary. — Les Libres Propos. 1 vol.
Dollfus (Ch.). — Études sur l'Allemagne. De l'Esprit français et de l'Esprit allemand. 1 vol.
Sauvestre (Ch.). — Mes lundis. 1 vol.
Ulbach (L.). — Écrivains et Hommes de lettres. 1 vol.
— Causeries du Dimanche. 1 vol.

THÉÂTRE

Chateaubriand. — Moïse. 1 vol. in-18. . . . . 50 c.
Fourdrain aîné. — L'Homme aux yeux de bœuf; drame. 1 vol. in-18. . . . . 1 fr.
— Le Médecin; drame. 1 vol. in-18. . . . . 1 fr.
Guilliaume (J.). — Struensée. Drame en 6 actes et en vers. 1 vol. in-18.
1 25
Joly (V.). — Jacques d'Arteveld. Drame, précédé de chroniques intéressantes sur l'histoire des Flandres au XIVᵉ siècle. 1 vol. in-18.
50 c.
Labarre (L.). — Montigny à la cour d'Espagne. Drame en 5 actes. 1 vol. in-18. 2 fr.
Mary (Adolphe). — Amour et Devoir. Pensées dramatiques. 1 beau vol. in-8. . . . . 4 fr.
Potvin (Ch.). — Jacques d'Arteveld. Drame historique en 3 actes et en vers. 1 vol. in-18. . . . . 2 fr.
Racine. — Théâtre. 2 vol. in-32. Édition diamant, orné de 13 vignettes
6 fr.
Sand (George). — Théâtre complet. 3 vol. in-18. . . . . 9 fr.
Serret (E.). — Drames et Comédies. 1 vol. in-18. . . . . 3 fr.
Staël (Mᵐᵉ de). Essais dramatiques. 1 vol. in-8. . . . . 2 fr.
Thierry de Faletans (X.).— Théâtre de société. Cinq pièces diverses. 1 beau vol. gr. in-8. . . . . 4 fr.
Wacken (Ed.). — Le Siége de Calais, tragédie lyrique en 3 actes. 1 vol. in-18. . . . . 1 fr.

Librairie Internationale, 15, Boulevard Montmartre, à Paris.

HISTOIRE

Adair (Sir R.) — Mémoires historiques relatifs à une mission à la cour de Vienne en 1806. 1 vol. in-8. . . . . **3 fr.**

Altmeyer (J.-J.). — Précis de l'Histoire du Brabant. 1 vol. in-8. **3 fr.**
— Résumé de l'Histoire moderne. 1 vol. in-18. . . . . 1 fr.
— Les Gueux de mer et la prise de la Brille (1568-1572). 1 v. in-18. 2 fr.

Apologie de Guillaume de Nassau, prince d'Orange, précédée d'une introduction par A. Lacroix. 1 vol. in-18 cartonné. . . 5 fr.

Arrivabene (Comte Jean). — D'une époque de ma vie (1820-1822). Mes Mémoires, documents sur la Révolution en Italie, suivis de six lettres inédites de Silvio Pellico. Traduit sur le manuscrit original par Salvador Morhange. 1 v. Charpentier. . . . 3 50

Avenel (G.). — Anacharsis Cloots, l'Orateur du genre humain. . 2 vol. in-8. . . . . 12 fr.

Bancroft (G.) — Éloge funèbre du président Abraham Lincoln, prononcé en séance solennelle du Congrès des États-Unis d'Amérique. Traduit de l'anglais par G. Jottrand. In-8. . . . 1 fr.

Belliard (le général). — Mémoires écrits par lui-même. 3 v. in-18. 3 fr.

Bianchi Giovini (A.). — Biographie de fra Paolo Sarpi, théologien et consulteur d'État de la république de Venise; traduite sur la seconde édition, par L. Van Nieuwkerke. 2 vol. in-18. . 7 fr.

Bonnemère (E.). — La France sous Louis XIV (1643-1715). 2 v. in-8. 12 fr.
— La Vendée en 1793. 1 vol. in-18. . . . . 3 50

Borgnet (Adolphe). — Histoire des Belges à la fin du XVIII⁰ siècle. 2 vol. in-8, 2ᵉ édition, revue et augmentée. . . . . . . 10 fr.

Brissot de Warville. — Mémoires sur la Révolution française. 3 vol in-18. . . . . 3 fr.

Cérémonie funèbre en mémoire du frère Léopold de Saxe-Cobourg, premier roi des Belges, protecteur de la franc-maçonnerie nationale. In-8. . . . . 1 fr.

Chassin (C.-L.). — Le Génie de la Révolution. 1ʳᵉ partie, les Cahiers de 1789. En vente : le tome I, les Élections de 1789; le tome II, la Liberté individuelle, la Liberté religieuse. Éd. in-8, le vol. 3 50
Le même ouvrage, édition in-18, le volume. . . . . . . 3 fr.

Chateaubriand (de). — Congrès de Vérone. — Guerre d'Espagne 2 vol. in-18. . . . . 2 fr
— Études, ou Discours historiques sur la chute de l'Empire romain, la naissance et les progrès du christianisme, et l'invasion des barbares, suivis d'une analyse raisonnée de l'histoire de France. 4 vol. in-18. . . . . 4 fr.
— Vie de Rancé. 1 vol. in-18. . . . . 1 fr.
— Essai sur les révolutions. 2 vol. in-32. . . . . 1 fr.
— Mélanges politiques. 2 vol. in-32. . . . . 1 fr.
— Opinions et Discours. 1 vol. in-32. . . . . 1 fr.
— Polémique. 1 vol. . . . . 1 fr.

Chauffour-Kestner (Victor). — M. Thiers historien. Notes sur l'Histoire du Consulat et de l'Empire. Brochure in-8. . . . 1 fr. 50

VOYAGES

Bædeker. — Paris. Guide pratique du voyageur, accompagné d'un plan général de Paris et de 6 cartes. 1 vol. de 240 pages in-18, élégamment cartonné. . . . . 4 fr.

Barth (Docteur H.). — Voyages et découvertes dans l'Afrique septentrionale et centrale. Traduit de l'allemand, par Paul Ithier. 4 beaux et forts vol. in-8, avec cartes et gravures.. . . . 24 fr.

Du Bosch (A.-J.). — La Chine contemporaine, d'après les travaux les plus récents. Traduit de l'allemand. 2 vol. in-18. . . . 7 fr.

Bussy (Comte E.-H. de). — Indiscrétions d'un Touriste, causeries et anecdotes sur les villes d'eaux d'Allemagne. 1 vol. in-18. 5 fr.

Clot-Bey (A.-B.). — Aperçu général sur l'Égypte. 2 vol. in-18. Ornés d'un portrait et de plusieurs cartes et plans coloriés. . 3 fr.

Considérant (N.). — Souvenirs de voyage. Un Couronnement à Kœnigsberg. 1. vol. in-12.. . . . . 1 fr. 50

Duvergier de Hauranne (Ernest). — Huit mois en Amérique. Lettres et notes de voyage. 1864-1865. 2 forts vol. in-18. . . 8 fr.

Frœbel (Julius). — A travers l'Amérique. Traduit de l'allemand par Émile Tandel. 3 beaux vol. Charpentier. . . . . . 10 fr. 50

Guide-Guerber. — Indicateur international universel. Itinéraire et guide postal de tous les services maritimes à vapeur desservant les ports des cinq parties du monde, 2ᵉ année. 1 v. in-8. 4 fr

Heine (W.). — Voyage autour du monde. Le Japon. Expédition du Commodore Perry pendant les années 1853, 1854 et 1855, faite d'après les ordres du gouvernement des États-Unis. Traduit de l'allemand par A. Rolland. Illustré de 11 vues, dessinées d'après nature par l'auteur. 1 vol. in-8. . . . . 6 fr.

Hivers de Nice (Les). — Impressions et souvenirs. In-18. . . 1 fr.

Lisbôa (Consilheiro). — Relação de uma viagem a Venezuela, Nova Granada, Equador. 1 fort vol. in-8, avec une carte. . 15 fr.

Lubanski (Dr). — Guide aux stations d'hiver du littoral méditerranéen. Nice, Hyères, Cannes, Menton, Monaco. 1 fort vol. in-18, avec cartes et vues, 6 fr. Cartonné. . . . . 7 fr.

Paris. — Guide rédigé par les principaux littérateurs et savants français. Illustré par les artistes les plus éminents. 1 beau vol. in-18 colombier, paraissant en avril 1867. (Voir le prospectus détaillé p. 39 à 41.)

Parc des buttes Saint-Chaumont. Guide du promeneur donnant la description pittoresque du parc et des différents panoramas qui l'entourent, ou vingt lieues de pays à vol d'oiseau, suivi de curieuses chroniques sur les buttes Saint-Chaumont, Montfaucon, Pantin, Montmartre, Saint-Denis, etc.; par L. D., ancien magistrat. In-18. . . . . 1 fr.

Passmore. — Guide à Londres. — A trip to London. — Guide du voyageur à Londres. — Sous forme de manuel de conversation anglaise et française, servant en même temps à apprendre la langue anglaise. 1 vol. in-32 avec plan de Londres. . . 5 fr.

Simonin (L.). — L'Étrurie et les Étrusques. Souvenirs de voyage. Arezzo, le val de Chiana et les ruines de Chiuzi. In-8.. 1 fr.

Siret (Ad.). — Manuel du touriste et du curieux. — La ville de Gand. 1 vol. in-12, avec plan. . . . . 2 fr. 50

Verhaeghe (L.). —Autour de la Sicile. 1861-1863. 1 vol. in-18. 2 fr.
    — Voyage en Orient. 1862-1863. 1 vol. in-18. . . . . . . 3 fr. 50

VOYAGES ET DÉCOUVERTES

DANS

L'AFRIQUE

SEPTENTRIONALE ET CENTRALE

PENDANT LES ANNÉES 1849 A 1855

Par le Docteur

HENRI BARTH

Traduit de l'allemand par PAUL ITHIER

4 beaux vol. in-8°, enrichis de gravures, de chromo-lithographies, d'une belle carte et du portrait de l'auteur

PRIX : **24** FRANCS

Librairie Internationale, 15, Boulevard Montmartre, à Paris.